AF636960

Jürgen B. Hausmann

gelacht und geweint
Die Geschichte hinter meinen Geschichten

Jürgen Beckers, Jahrgang 1964, ist seit über 20 Jahren als Kabarettist in der Bütt wie auch auf der Bühne zu Hause. Eigentlich Gymnasiallehrer für Latein, Griechisch und Geschichte machte Beckers kurzerhand sein von klein auf gelerntes Hobby zum Beruf. Mit seinem „Oochener Platt" ist er im Karneval eine feste Größe sowie durch seine Solo-Programme und zahlreiche TV-Auftritte bekannt. Um eine Verwechselung mit dem Kölner Kabarettisten Jürgen Becker auszuschließen, legte er sich das Pseudonym Jürgen B. Hausmann zu. Er ist Vater von zwei Kindern und lebt in Alsdorf. *www.juergen-beckers.de*

Jürgen B. Hausmann

gelacht und geweint

Die Geschichte hinter meinen Geschichten

BONIFATIUS

Bibliografische Information der Deutschen Nationalbibliothek:
Die Deutsche Nationalbibliothek verzeichnet diese Publikation in der Deutschen Nationalbibliografie; detaillierte bibliografische Daten sind im Internet über http://dnb.d-nb.de abrufbar.

Klimaneutrale Produktion.
Gedruckt auf umweltfreundlichem, chlorfrei gebleichtem Papier.

MIX
Papier aus verantwortungsvollen Quellen
FSC® C083411

© 2022 Bonifatius GmbH Druck | Buch | Verlag, Paderborn
Alle Rechte vorbehalten. Das Werk darf – auch teilweise – nur mit Genehmigung des Verlags wiedergegeben werden, denn es ist urheberrechtlich geschützt.

Umschlaggestaltung: Weiss Werkstatt München, werkstattmuenchen.com
Umschlagfoto Rückseite: Guido Schröder
Satz: Bonifatius GmbH, Paderborn, Melanie Schmidt
Druck und Bindung: CPI books GmbH, Leck
Printed in Germany

1. Auflage Januar 2022
2. Auflage April 2022
3. Auflage August 2022
ISBN 978-3-89710-910-0

Weitere Informationen zum Verlag:
www.bonifatius-verlag.de

Meiner Familie,
die mich durch
alle Höhen und Tiefen
des Lebens begleitet hat,
in Dankbarkeit gewidmet.

Inhalt

Geleitwort von Willibert Pauels 9

Einleitung 17

1. Lachen gibt Mut 21
2. Der schönste und schrecklichste Tag 28
3. Ein Ort des Schmerzes und der Einkehr ... 48
4. Schule zwischen „Name der Rose“ und „Feuerzangenbowle“ 51
5. Glaube, Humor und viel Menschlichkeit... 60
6. Büttenredner und Vorbeter – eine originelle Ausbildung 66
7. Triumph und Tragödie 72
8. Missionar, Seelsorger und ganz Mensch..... 85
9. Stilles Gebet zwischen lauter Leuten 93
10. Prüfungsangst und Glaubensgewissheit 100
11. Leben in der Schule und die Schule des Lebens 107
12. Eine erfüllte Liebe: Rom – ein Herz und (k)eine Krone 116

13. Kinderglück 132
14. Der Heilige Geist in Freud und Leid 137
15. Das Glück zerbricht 144
16. Die Kräfte reichen nicht mehr 161
17. Freude – Glaube – Trauer 170
18. Aus Liebe wird Freundschaft 173
19. Lachen – der Dank des Publikums 177
22. Der andere Hausmann:
von der Bibelstunde zur Trauerrede 191
23. Corona – Das Unmögliche tritt ein 202

Ein persönliches Nachwort 217
Danksagung 221

Geleitwort

Einladung zu einer Wanderung
– durch Täler und Höhen –
durch das Leben von Jürgen Beckers

Es ist sein wichtigstes Buch. Niemals zuvor las ich eine autobiografische Schilderung „so ehrlich, nie mehr so total unschuldig und wehrlos“[1]. Ich sah bei meiner Lektüre den kleinen Jungen vor mir, der in der „mondo picollo“ (Original-Titel von „Don Camillo und Peppone“) von Mariadorf in der Aachener Region aufwuchs. Und sofort fiel mir der Satz der hinreißenden Schriftstellerin Ulla Hahn ein, der sinngemäß lautet:

Ja, die katholische Welt meiner Kindheit war reaktionär, aber sie gab auch Halt.

Halt fand der kleine Junge im wörtlichen und im übertragenen Sinn an der Hand seines großen Bruders. Ich sehe es vor mir, wie dieser ihn mitnimmt in die Kirche, wie Jürgen mit einem Staunen – zu dem nur Kinder fähig sind – das „theatrum sacrum“ der katholischen Liturgie in sich aufnimmt und wie er die innige Frömmigkeit seines großen Bruders beobachtet. Mit welcher kindlichen Unschuld und Leidenschaft er dem „schönsten Tag in seinem Leben“, der ersten heiligen „Kommolion“ – in der Tat unverfälschter, authentischer Höhepunkt des dörflichen Lebens – entgegenfiebert.

Ja, Ulla Hahn, es ist wahr. Diese „mondo picollo“ gab Halt. Nun aber muss ich deinem Satz, liebe Ulla, ehrlicherweise auch die Umkehrung entgegensetzen:

„Die katholische Welt unserer Kindheit gab Halt, aber sie war auch reaktionär.“

Denn wehe irgendjemand brach aus den, wie in Stein gemeißelten, Regeln der Konventionen und gesellschaftlichen Regeln aus! Jeder der „anders“ war, wurde unweigerlich in größte innerliche Zerrissenheit gestoßen, sobald er dieses Anders-Sein in sich spürte. War es doch im Gegensatz zu jener Welt, die vom Frollein im Kindergarten, vom Herrn Lehrer in der Schule, vom Pastor in der Kirche und der eigenen Familie unterrichtet wurde. Jede Abweichung von dieser Lehre wurde unweigerlich und gnadenlos gesellschaftlich ausgegrenzt.

Ja, auch das ist wahr, Religion kann nicht nur Halt geben und gesund machen, sondern Religion kann auch vergiften und krank machen. Nämlich immer dann, wenn sie in unveräußerliche und unbedingte Moral-Gesetze gegossen wird, welche mit dem stärksten und schwärzesten Mittel, nämlich der Angst in die Seelen der Menschen hineingelegt werden.

Dabei lehrte der Rabbi aus Nazareth das genaue Gegenteil: „*Ein* Gebot gebe ich Euch: *Liebet einander!*“ Und Liebe ist der Gegensatz zu Angst, zu Gefangenschaft, zum fesselnden Festhalten.

In einer schmerzhaften Schule des Lebens musste der Mensch Jürgen Beckers diese Lektion lernen.

*

Und wieder sehe ich eine Szene vor mir: eine Kneipe. Der 18-jährige Jürgen, sein verehrter Bruder, zehn Jahre älter, und zwei Freunde sitzen in froher Zecher-Runde zusammen. Lachen und Lebensfreude erfüllen den Raum. Immer wieder fällt der bewundernde Blick des kleinen auf den großen Bruder; der so eloquent ist, so begabt, der jede neue Sprache, sogar Arabisch, in kürzester Zeit erlernen kann. Der so unverfälscht religiös ist. Was für eine geniale Mischung: hochbegabt und kindlich fromm zugleich.

Man zahlt schließlich. Der große Bruder begleitet noch einen der Freunde zu dessen Wohnung. Der kleine Bruder sah seinen geliebten Bruder zum letzten Mal lebend. Wenige Zeit später finden Jürgen und seine Mutter seine Leiche in dessen holländischer Wohnung. Schlaftabletten und eine geleerte Flasche Schnaps neben seinem Totenbett.

Was war geschehen? Warum?

Lesen Sie die Antwort in diesem Buch. Begleiten Sie Jürgen durch die tiefen und dunklen Täler seines Lebens. Denn neben den zahlreichen Höhen gab es derer viele in seinem bisherigen Dasein – wie zum Beispiel drei Wochen nach dem herbeigesehnten und fröhlichen Fest der ersten Kommunion, als das Schicksal brutal zuschlug.

Vor allem begleiten Sie ihn auf dem Weg mit seiner großen Liebe Sandra, wovon er mit entwaffnender Ehrlichkeit und Offenheit erzählt. Sandra, jene schöne und sexy (ich hoffe, das darf ich sagen) Frau. Niemals ist Jürgen berührender und verletzlicher als in den Passagen, wo er von ihr erzählt. Und niemals wurde mir vor Augen geführt, dass die konventionelle Vorstellung des katholischen Katechismusglaubens, die reine Lehre der römischen Kirche, an der Realität des Lebens vorbeigeht. Selten erkannte ich an zwei Menschen, dass die Liebe viel tiefer und reifer sein muss als Verliebtsein und dass das katholische Ideal einer heterosexuellen, monogamen Partnerschaft eben nicht alles ist.

Ich bin mir bewusst, dass ich mich mit dieser Aussage streng genommen aus dem Beruf des Diakons herauskatapultiere und nach orthodoxer Lesart unseres römisch-katholischen Glaubens selbst exkommuniziere. Das ist mir aber wurscht! Erstens, weil ich mittlerweile Rentner bin, und zweitens, was natürlich wichtiger ist, ich nur zwei Instanzen rechenschaftspflichtig bin: dem Herrgott und der Liebe. (Wobei ich ebenso apodiktisch sage, dass die Prüfung, ob es sich wirklich um Liebe handelt, gründlich und tief vor dem Gewissen sein muss. Denn allzu oft redet man sich seine eigene Situation schön. So nach dem Motto: „Es ist doch alles aus Liebe.“)

Die Form ihrer Partnerschaft, die Sandra und Jürgen mittlerweile gefunden haben, halte ich für reif, tief und authentisch. Ohne Selbstbetrug und Schönfärberei. Sie kommt meiner Meinung nach sehr nah an das Wesen der Liebe und damit des geheimnisvollen, unbegreiflichen Gottes heran.

Die wichtigste Regel wahrer Liebe halten die Zwei sowieso ein. „Marie“ und Lukas“. Beide behüten ihre Kinder wie einen Augenstern, nicht ein Hauch von „Selbstverwirklichung“ wird auch nur ansatzweise dem Wohl und Heil der beiden vorgezogen.

Ein zweites Gebot wahrer Liebe ist aber diesem gleich. Denn, so glaube ich, das innerste Wesen der Liebe ist „verantworte Freiheit“. Ist es doch einer der merkwürdigsten Paradoxen unserer Lebenserfahrung: „Was man krampfhaft behalten will, verliert man, was man loslassen kann, behält man.“

Ich will es mit einem bezaubernden Lied von Reinhard Mey verdeutlichen. Eine Zeile aus diesem Chanson habe ich zu Beginn schon zitiert. In diesem berührenden Werk erzählt Mey von seiner ersten Liebe, näher hin vom berühmten „ersten Mal". Die Bibel sagt dazu. „Sie erkannten einander" und der nicht minder behutsame Jürgen nennt es: „Ab da waren wir ein Paar." Das Lied erscheint mir, als wäre es für ihn geschrieben:

„Da war kein Himmelbett wie im Lore-Roman,
Doch an dem, was man Glück nennt, war'n wir nie näher dran!
Es war nie mehr so ehrlich, nie mehr so total
Unschuldig und wehrlos, wie das erste Mal."[2]

Habe ich jemals einen Menschen erlebt, der so ehrlich und total, unschuldig und wehrlos einen anderen Menschen liebt wie Jürgen? Nein, habe ich nicht. Aber, das genügt nicht. Wenn ich einen anderen liebe, ist das bedingungslos. Ich gebe ihm das Gefühl der Freiheit. Das ist sehr schwer und gelingt fast nie perfekt. Dafür sin mer halt Menschen: Gebrochen, verwundet, sehnsüchtig und ewig verliebt. Und dennoch sollen wir es lernen. Deshalb endet der Chanson von Reinhard Mey wie folgt:

„Heute weiß ich, sie hat ihren Teil mit daran,
dass ich lieben und leiden und verzeihen kann."

Es ist meine Überzeugung, dass dies der Liebe Gottes am nächsten kommt. Für mich die einzige tastende Begründung der berühmten „Theodizee-Frage“. Gott könnte natürlich eine Welt schaffen, die perfekt ist, ohne Leid, ohne Abgründe, ohne Schmerz; aber wie schreibt der großartige tschechische Theologe Tomáš Halík: „Wenn die Welt vollkommen wäre, wäre sie selbst Gott, und es gäbe in ihr keine Frage nach Gott. Ein Gott, der sich narzisstisch in dem unbeschädigten Spiegel seiner vollkommenen, völlig harmonischen Welt ohne Widersprüche Gegensätze und Rätsel anschauen würde, das wäre nicht mein Gott, nicht der Gott der Bibel, nicht der Gott meines Glaubens.“[3] Meiner auch nicht.

Damit es wirkliche Liebe ist, muss das Gegenüber Gottes frei sein. Auch diese geschundene Erde mit ihren Verwundungen. So paradox es klingt: Erst eine Welt, wo Gott nicht helfend eingreift, ist frei. Das Einzige, was uns aufgetragen ist, ist, diese Welt anzunehmen, wie sie ist (um der Freiheit willen), und sie stetig zu verbessern, ihre Wunden zu heilen den Armen zu helfen, die Gefangenen zu besuchen, die Nackten zu kleiden etc. und die frohe Botschaft von Ostern zu verkünden, dass das Leid nicht das letzte Wort hat.

Ob es Jürgen und Sandra gelingt, diese Form der verantworteten Freiheit zum Frieden und zum Wohl aller Beteiligten aufrecht zu erhalten, weiß ich nicht. Aber eins weiß ich, dass ich es ihnen von Herzen wünsche. Denn nur auf eines kommt es an: die Liebe.

Und dies ist meine finale Botschaft: Der angehende Papst, Kardinal Joseph Ratzinger, predigte vor der Papstwahl Folgendes:

„Alle Menschen wollen eine Spur hinterlassen, die bleibt. Aber was bleibt? Das Geld nicht. Auch die Gebäude bleiben nicht; ebenso wenig die Bücher. Nach einer gewissen, mehr oder weniger langen Zeit verschwinden alle diese Dinge. Das Einzige, was ewig bleibt, ist die menschliche Seele, der von Gott für die Ewigkeit erschaffene Mensch. Die Frucht, die bleibt, ist daher das, was wir in die menschlichen Seelen gesät haben – die Liebe, die Erkenntnis; die Geste, die das Herz zu berühren vermag; das Wort, das die Seele der Freude des Herrn öffnet.“[4]

Genau dies hat Jürgen befolgt, oft schmerzhaft und mit vielen Tränen; oft im wunderbaren Zauber des Lachens und der überfließenden Freude. Davon erzählt er in diesem Buch. Folgen Sie ihm!

Willibert Pauels

Einleitung

„Du musst das Publikum
innerhalb eines Abends **nicht nur zum Lachen**,
sondern **auch** zweimal **zum Weinen** bringen."

André Carrell, der Vater von Rudi Carrell und selbst ein begnadeter Entertainer, gab seinem Sohn diesen Rat mit auf den Weg. Der junge Rudi, der zunächst verwundert auf diesen Ratschlag reagierte, beherzigte den väterlichen Tipp und perfektionierte ihn – zum Beispiel in seiner TV-Show „Lass Dich überraschen!" Anfang der 1990er-Jahre. In dieser Show lachten wie weinten Menschen vor Freude und Rührung, wenn beispielsweise ein längst verloren geglaubter Verwandter oder Freund nach Jahrzehnten plötzlich hinter dem Vorhang und anschließend vor ihnen auf der Bühne auftauchte. Eines Tages resümierte sodann Rudi Carrell auch in einem Interview über die Weisheit seines Vaters[5]: „Der Alte hat doch recht gehabt."

In der Tat, es ist so! Auch ich kann das mit meinen eigenen Bühnenerfahrungen bestätigen: Traurige, ernste oder rührende Momente bringen eine ganz andere Tiefe in komische Programme, als wenn ausschließlich gelacht wird; der traurige Clown ist dabei allen vor Augen.

Ich selbst habe mich in meinem Leben weniger um ernste oder auch traurige, ja tragische Momente bemühen müssen, denn ich habe im Laufe der Jahrzehnte einige Schicksalsschläge hinnehmen müssen, die mir aber weder meinen Humor noch meinen Glauben genommen haben.

Nein, ich habe gerade durch den Glauben meinen Humor und die Lebensfreude behalten und daraus immer wieder Kraft für einen Neuanfang geschöpft. Und genau das ist auch das Thema dieses Buches: Die Geschichte hinter den Geschichten von „Hecktor", der „Kommelion", der „Klassenfahrt nach Rom" oder auch diversen „Ehe- und Familienszenen". – Ich habe Tränen gelacht und Tränen geweint, manchmal näher beieinander, als mir lieb war.

Ein altes Sprichwort sagt: „Zwei Stützen des Lebens brechen nie, Gebet und Arbeit heißen sie." Das mag unzeitgemäß, vielleicht auch unwirklich klingen und doch ist es die Maxime, mit der ich viele Hürden in meinem Leben bis hin zu meiner letzten Krise überwunden habe.

Wie es im Leben häufig der Fall ist, fließen in diesem Buch lustige Geschichten und die bisweilen traurigen Geschichten ineinander. Und es zeigt, wie ich durch die tägliche Erfahrung des Glaubens im Gebet, im Gespräch mit Gott oder auch der Stille, Kraft finde für urkomische Geschichten, die den Leuten oft Tränen in die Augen treiben.

Ich bin selbst oft in trauriger, bisweilen verzweifelter Stimmung auf die Bühne gegangen, doch ich habe sie selbst auch nach zweieinhalb Stunden heiter und gelöst wieder verlassen, weil das Lachen und der Beifall der Leute mich befreit haben.

Lachen ist im besten Sinne gesund, ansteckend und hat sogar für einen Humoristen Selbstheilungskräfte. Und dies erfährt noch immer eine Steigerung, wenn nach der Vorstellung sehr alte, kranke oder vom Schicksal hart geschlagene Menschen zu mir kommen und sagen oder mir später schreiben: „Durch Sie habe ich das Lachen wieder gelernt, ich habe Tränen gelacht und könnte vor Freude heulen!"

Ich auch!

Einen schöneren Lohn für seine Arbeit kann es nicht geben. Das macht, glaube ich, das Leben trotz aller Probleme und Schicksalsschläge lebenswert mit Lachen und Weinen. In diesem Sinne viel Spaß bei der Lektüre meiner Autobiografie.

Ihr

Jürgen B.(eckers) Hausmann

1. Lachen gibt Mut

Meine Mission stand fest: Den Menschen, die eigentlich in diesem Moment nicht viel zu lachen hatten, ein Lachen bereiten. Zwei Stunden sie aus ihrem Schlamassel ziehen, dabei den Ernst der Situation nicht vergessen und mit dem Lachen und einer Programmmischung aus Ernst und Heiterkeit konkrete Hilfe leisten, also Geld einspielen.

Unter dem Motto „Menschen helfen Menschen – d'r Jung hilft mit" veranstalteten wir im August 2021 in Alsdorf eine Benefizgala zugunsten der Opfer der Flutkatastrophe. Das Ahrtal, Erftstadt, aber auch meine Heimat Eschweiler, Stolberg waren schwer getroffen worden. Viele Menschen verloren ihr gesamtes Hab und Gut, ein Krankenhaus musste evakuiert werden, es gab Tote und Verletzte. Nicht irgendwo auf der Welt, sondern hier, direkt bei uns in unserer Heimat. Es waren keine anonymen Schicksale irgendwo auf der Welt (was schlimm genug ist), sondern Bekannte, Freunde, Kollegen und Orte betroffen, die man ein Leben lang kennt.

Dass ich helfen wollte, war klar. Spenden? – Sowieso. Mitanpacken? – Das war wohl eher etwas für Fachleute und Leute mit entsprechenden Fähigkeiten. Wie aber kann ich mit meinen Fähigkeiten helfen?, fragte ich mich. Kurz darauf wurde die Idee geboren: eine Benefizgala, bei der Ernst und Lachen, Unterhaltung und konkrete Hilfe zum Tragen kommen.

Sofort sagten uns die Städteregion Aachen, die Aachener Zeitung mit ihrer Aktion „Menschen helfen Menschen", die Agentur Meyer-Konzerte sowie befreundete Künstler ihre Hilfe zu, das Trio Corona sang und meine Tochter tanzte.

Doch das Beeindruckendste waren für mich an diesem Abend die betroffenen Opfer der Flutkatastrophe. Menschen, die andere teilweise mit der Schaufel eines Baggers aus den überfluteten Häusern geholt hatten und bereit waren, ihr erlittenes Schicksal auf der Bühne zu schildern, begleitet von Bildern, die unter die Haut gingen.

Es wurde ein unvergleichlicher, unvergesslicher Abend: eine Gala zwischen Lachen und Weinen. Das Publikum weinte über die Schicksale, fühlte sich aber auch frei zu lachen – trotz allem. Somit schien unser Konzept aufzugehen und selbst die schwer getroffenen Opfer bestätigten: Man muss auch wieder lachen, um neuen Mut zu fassen, um Kraft für das Leben zurückzugewinnen. Am Ende kamen 10.000 Euro zusammen, die wir direkt an die Opfer weiterleiteten – ja, Lachen hilft tatsächlich!

Das habe auch ich selbst schon oft auf der Bühne erfahren, vor allem in den Situationen, in denen mir gar nicht nach Lachen zumute war. Gerade dann, als ich mich in schwierigen und verzweifelten Lebenssituationen befand und mich am liebsten verkrochen hätte, aber auf die Bühne musste, trugen mich das Lachen, der Beifall und die Zuneigung des Publikums zu neuem Lebensmut.

Ein besonders einschneidendes Erlebnis war für mich der Tod meiner Mutter. Sie starb am 1. Mai 2012. Danach verschob ich mehrere Veranstaltungen, unter anderem eine Fernsehaufzeichnung meines Programms „Isch glaub et Disch!“ Doch natürlich war da auch der Gedanke: „The show must go on!“ (Die Show muss weitergehen!) In gesteigerter und abgewandelter Form war mir sogar noch der Ausspruch von Avery Brundage, einst Präsident des Internationalen Olympischen Komitees, im Kopf. Dieser sagte 1972 nach dem terroristischen Attentat auf israelische Athleten in München: „The games must go on!“ Diese Botschaft damals sollte ein Zeichen setzen: Die Zerstörer, die Attentäter dürfen nicht siegen! Das Menschliche, der olympische Geist, begründet in der ersten Demokratie der Welt, muss obsiegen.

Meine Mutter war ein humorvoller und fröhlicher Mensch gewesen, trotz aller Schicksalsschläge, der oft und herzhaft in meinen Shows lachte, auch wenn sie sie annähernd ein paar Hundert Mal gesehen hatte. Ich stand täglich an ihrem Grab, in tiefer Trauer und Verzweiflung, doch auch in dem Zweifel, ob ich alles für sie getan hatte. Ich hatte mich zumindest nach Kräften bemüht. Aber ich hatte auch eine Familie mit zwei kleinen Kindern, es musste weitergehen. Nur wie?

Schon oft habe ich am Grab meiner Mutter nach Rat und Kraft gesucht und ihn dort bekommen. Das erlebe ich auch bis heute. Manche mögen das für Unsinn halten, egal! Im Mai 2012 jedenfalls lautete der Rat: „Junge, tritt wieder auf! Das ist dein Beruf und deine Fähigkeit, bring als trauriger Mensch andere Menschen zum Lachen, die auch Gründe für Traurigkeit haben, und am Ende gebt ihr euch gegenseitig Kraft.“ So kam es dann auch.

Symbolträchtiger hätte der Tag kaum sein können: Am 18. Mai 2012, dem 39. Todestag meines Vaters, stand ich wieder auf der Bühne – im Düsseldorfer Savoy-Theater mit dem Stück „Isch glaub‘ et Disch!“ Als ich dort damals auf die Bühne ging, war mir zwar nach allem anderen als Lachen zumute, doch der Beifall des Publikums trug mich und mit jedem Lachen wurde auch ich innerlich heiterer, ohne die Trauer um meine Mutter zu vergessen.

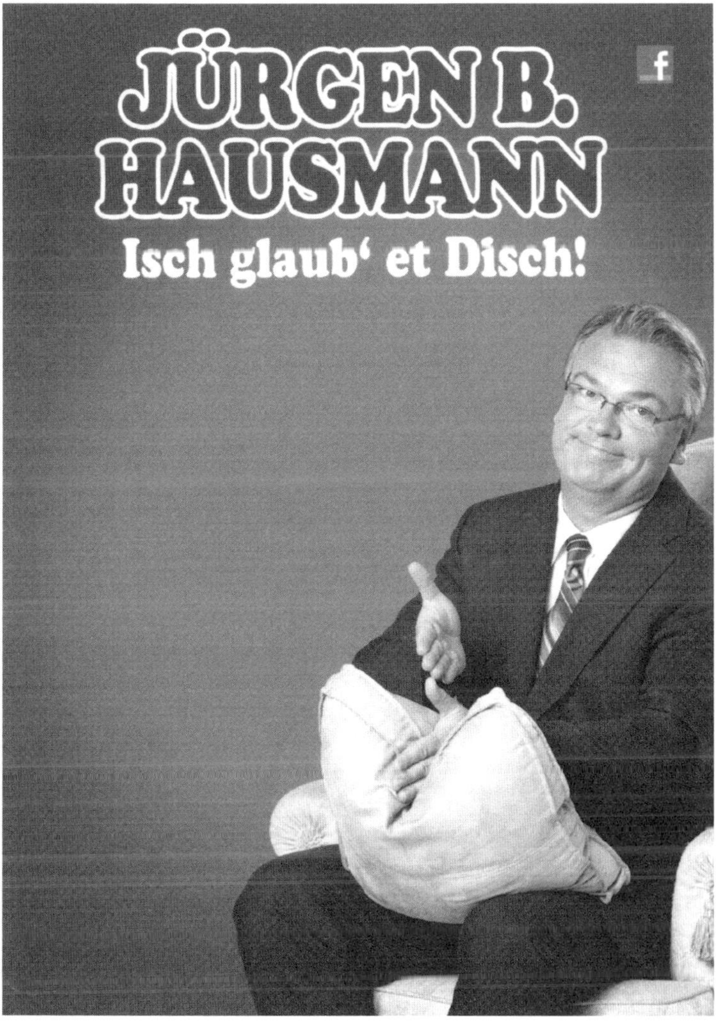

Nach der Aufführung saß ich zunächst ganz allein in der Garderobe, bis meine Frau mich tröstend und voller Freude in den Arm nahm. Ich hatte es geschafft! Und Mutter hatte wie immer dabei zugesehen und herzhaft gelacht, wenn auch von einem besonderen Logenplatz.

Was ich damals noch nicht wusste: Zwei Jahre später sollte das Ganze für mich noch wesentlich schwerer werden – insbesondere am Anfang unserer Ehekrise, die sich sechs Jahre lang zog. Teils innerlich zerrissen und verzweifelt fuhr ich zu meinen Auftritten, oft mit der Frage im Kopf, ob ich meine Frau und vielleicht auch zum Teil meine Kinder verlieren würde.

Auf den Autofahrten zu meinen Auftritten, die meist zwei oder mehr Stunden dauerten, versuchten mein Musiker Harald Claßen und mein Freund und Mitarbeiter Franz-Josef Nießen mich aufzubauen und abzulenken.

Betrat ich anschließend die Bühne, war es zunächst ein Kraftakt, die Gedanken nur auf die Aufführung zu lenken. Aber mein Text saß inzwischen so fest, dass das nicht ganz gelang. Ein Hintergedanke galt immer der Ehekrise. Und doch … das Lachen und der Beifall des Publikums waren Balsam für die Seele. Sie gaben mir Mut, Zuversicht und auch Selbstvertrauen zurück, wo Selbst- und Lebenszweifel zu überwiegen drohten. – Insbesondere, wenn nach den Aufführungen Menschen zum Autogrammstand kamen und auch heute kommen, um sich für die schönen Stunden zu bedanken. Da sind Menschen im Rollstuhl, Menschen mit schlimmen Krankheiten, Menschen mit Schicksalsschlägen, Menschen, die traumatisiert sind, dabei, die sagen: *„Danke, Herr Beckers, sie haben mir mein Lachen zurückgegeben, so habe ich schon lange nicht mehr gelacht!“* Oder: *„Ich habe zum ersten Mal nach Monaten wieder befreit lachen können.“* Letzteres hat mir zum Beispiel vor Kurzem eine schwer an der Lungenkrankheit COPD leidende Frau persönlich in einem sehr emotionalen Brief geschrieben.

Solche Momente geben einem das Gefühl, das Richtige tun zu können und Menschen durch das Lachen die Freude am Leben wieder entdecken zu lassen – durch eine zweistündige Entführung in das Reich des Lachens, aus der man auch selbst befreit und frisch wieder in die Wirklichkeit zurückkommt. Und man fühlt dann sogar, dass man mit dem eigenen Schicksal nicht alleine ist und wie das Lachen einander hilft. Zu Hause angekommen sage ich oft rückblickend: Lachen und lachen lassen hilft, es ist eine Lebenshilfe. Gott sei Dank!

2. Der schönste und schrecklichste Tag

Ich hatte eine glückliche und wohlbehütete Kindheit. Ich wurde als Nesthäkchen, oder wie man bei uns sagt, als „Nachkömmling“ geboren. Meine Geschwister waren bereits etwas zu groß, um miteinander zum Spielen, aber so auch zumindest zu weit entfernt, um miteinander zu zanken: Mein Bruder war zehn und meine Schwester fünfzehn Jahre älter. So wuchs ich mit allen Vorteilen, aber ohne die Nachteile eines Einzelkindes auf.

Meine Schwester heiratete mit 18 Jahren und mein Bruder begann 1972 in Bonn sein Studium. Von ihnen wurde ich dann immer auch verwöhnt, was ein sehr angenehmes Gefühl war. So brachte mir meine Schwester, die in Aachen arbeitete, zum Beispiel aus der Großstadt ausgefallene und besondere Süßigkeiten mit, die es bei uns so auf dem Dorf nicht gab.

Die Kinder meiner Schwester, also meine Nichte und mein Neffe, waren nur unwesentlich jünger als ich, obwohl ich ihr „Onkel“ war. Das hielten die anderen Kinder immer für Quatsch. „Ein Onkel kann doch nicht nur drei Jahre älter sein“, sagten sie. Doch so hatte ich quasi auch „jüngere Geschwister" zum Spielen. Selbst heute noch nennen meine Nichten (1974 kam eine weitere hinzu) mich nur scherzhaft Onkel, weil wir uns eigentlich eher als Geschwister fühlen.

Mein Bruder Hubert war es, der mich durch Bücher und Hefte in die große weite Welt einführte. Er selbst hatte früh die Bücher von Karl May verschlungen, was wohl auch dazu führte, dass er später viel reisen sollte. Mir war die Buchform damals eher fremd, aber die deutschen Karl-May-Filme der 60er-Jahre mit Pierre Brice, Lex Barker, aber auch Uschi Glas, Ralph Wolter und Eddi Arent habe ich geradezu auswendig gelernt. Das ging sogar so weit, dass ich mit einem Küchenmesser in der Hand Blutsbrüderschaft geschlossen (auch wenn es wehtat) und bei Winnetous Tod so geweint habe, als ob er ein Verwandter gewesen wäre.

Mein Bruder war vom Typ her ein Weltbürger, den es aufgrund seines Sprachtalents hinaus in die Welt zu den Menschen zog, um bald darauf mit ihnen in ihrer Sprache wie ein Native Speaker zu sprechen. Das Ganze begann bei ihm schon als Jugendlicher, als er sich bei uns in Mariadorf in der Eisdiele mit Italienern, Spaniern, Jugoslawen und auch Marokkanern unterhielt, die als Gastarbeiter im Bergbau in unserer Gegend weilten. Vor allem das Orientalische hatte es ihm angetan und sollte ihn später zum Studium der Orientalistik führen.

Wenn er konnte, Zeit und vor allem Geld hatte, unternahm er Reisen nach Italien, England und Frankreich, um der Enge unseres Dorfes zu entfliehen und sein Sprachtalent auszuleben. Später auch in den Libanon, nach Marokko und Spanien; seine letzte Reise führte sogar nach Brasilien.

Einige Male durfte ich ihn auf Reisen begleiten. Vor allem drei mit ihm sind mir in unauslöschlicher Erinnerung geblieben: ein sehr schöner Pfingstaufenthalt in Paris 1975, im selben Jahr eine England- und Schottlandrundreise, die mir bis heute noch in allen Einzelheiten und Stationen (Ramsgate, Hastings, Preston, Edinburgh, London und Brighton) gegenwärtig ist. Und ein Ereignis war ganz besonders: Ich aß im Schnellrestaurant „Wimpy" in Brighton meinen ersten Hamburger.

Die schönste und prägendste Reise mit ihm war zugleich auch die letzte: 1980 lud er mich zu einem knapp einwöchigen Trip in die Ewige Stadt ein, die seitdem tief in meinem Herzen verwurzelt ist: der Petersdom, das Kolosseum, die „Piazza Navona" … und … und … und … – Rom ist bis heute die große Liebe meines Lebens. Und die emotionale

Bindung zu jener wunderbaren Stadt erhielt später in meinem Leben durch Schule und Studium der klassischen Sprachen Latein und Griechisch ein schulisches wie wissenschaftliches Fundament.

*

Aber, was das Reisen betrifft, hatten wir drei Beckers-Kinder – meine Schwester, mein Bruder und ich – viele Jahre lang ein gemeinsames Traumziel, das es aber leider nur im Märchen gibt: Lummerland. Wir waren von klein auf große Fans der Augsburger Puppenkiste und saßen noch als Heranwachsende und Erwachsene vor „Urmel, König Kallewirsch, der Blechbüchsenarmee und Bill Bo". Vor allem am Heiligen Abend sahen wir uns regelmäßig zusammen die Sendung der Augsburger Puppenkiste an, die mit uns „aufs Christkind wartete". Selbst im Alter von 16, 26 und 31 Jahren, das war 1980, saßen wir noch vor dem Fernseher wie Kinder und vergaßen alles um uns herum, außer der Weihnachtsfreude, die damit eingeleitet wurde.

Mein Bruder konnte damals perfekt den fränkischen Dialekt und die sprachlichen Eigenheiten der einzelnen Figuren imitieren und parodieren, zum Beispiel Pingi, der immer „Pfupf" statt „Schusch" sagte, und das singende Walross: „Stell, stell, stell, weil's Kindlein schlafen well." Wir amüsierten uns über König Alfons den Viertel vor 12., Frau Waas und den häsischen Rundfunk. Wir sangen das Erdmännchen-Lied aus „König Kallewirsch" und natürlich vor allem das Titellied von „Jim Knopf und Lukas der Lokomotivführer": „Eine Insel mit zwei Bergen … reisen in das schöne Lummerland."

In unserer Vorstellung reisten wir drei wirklich mit nach Lummerland, nach China und zu den Drachen. Die Figuren waren uns so vertraut, als wären sie unsere Freunde und Verwandten gewesen.

Eine Leidenschaft, die ich später noch einmal erleben durfte mit meinen in einer digitalisierten Welt aufwachsenden Kindern. Ich habe mir die komplette DVD-Box der Augsburger Puppenkiste zugelegt und es ist total erstaunlich, wie eine völlig anders geartete Generation die Geschichten der Augsburger Puppenkiste aufnimmt und sich für sie begeistert. Märchen sind eben Märchen und Rotkäppchen, Hänsel und Gretel etc. sind selbst durch Spielekonsolen wie Switch, 3DS und Playstation nicht ganz zu verdrängen.

*

Als Familie befanden wir uns in einer Idylle Anfang der 70er-Jahre, die damals aber schon erste Risse bekam, die wir allerdings weder wahrnahmen noch ignorierten.

Mein Vater beispielsweise war Bergmann und aufgrund mehrerer Krankheiten und Unfälle dann Frührentner. Er war als Schießmeister für Sprengungen verantwortlich und einmal verschüttet gewesen. Wie alle Bergmänner wusste er während seiner Arbeit um die unmittelbare Nähe von Leben und Tod. Gelegentlich sprach er dann sogar vom Tod und sagte: „Ich bin der Nächste." Wir nahmen diese Äußerung entsetzt auf und versuchten sie mit aller Macht zu verdrängen, weil eben nicht sein kann, was nicht sein darf. Dass er jedoch schon früher tatsächlich davon betroffen sein sollte, ahnte damals niemand von uns. Vielleicht nur er selbst. Er war wohl kränker, als wir alle dachten.

Tief im Inneren spürten wir irgendwann, dass nicht alles in Ordnung war. Man betete dann als Kind um Gottes Hilfe und Beistand und vertraute darauf, dass Gott alles zum Guten füge. Und für dieses Urvertrauen von Sicherheit und Geborgenheit taten meine Eltern auch alles.

Meine Mutter war klassische Hausfrau und Mutter, wenn auch nicht ganz freiwillig. Sie wäre liebend gerne Lehrerin geworden, aber der frühe Tod der Mutter, der Krieg und vor allem das fehlende Geld hatten ihr eine solche Ausbildung unmöglich gemacht. Sie bedauerte bis zu ihrem Tod, keinen Beruf erlernt zu haben. „Ich wäre so gerne Lehrerin geworden", sagte sie mir mal und vertraute mir weiter an: „Wir hatten uns auch schon bei der Lehrerbildungsanstalt erkundigt, aber mein Vater hatte Angst, es nicht bezahlen zu können." Dennoch übte sie ihre Aufgaben als Hausfrau und vor allem als Mutter mit ungeheurer Hingabe aus, getragen von einem Pflichtgefühl und einer Disziplin, die ihr als preußische Tugenden in ihrer Erziehung im Kinderheim in Wittlich eingeimpft worden waren.

Nicht nur an unser Zuhause, ein wohlbehütetes Idyll in einem Reihenhaus in einer Bergmannssiedlung, erinnere ich mich lebhaft, auch an die Zeit im Kindergarten denke ich gerne zurück. Dort gab es die klassische Bau- und Puppenecke, wir bastelten und sangen im Kreis, Lieder wie:

„Heißa Kathreinerle, schnür dir die Schuh',
kürz' dir die Röckele, gönn' dir kei Ruh'
Dideldadeldidelschrummschrummschrumm,
geht schon der Hopsa rum.
Heißa Kathreinerle, frisch immerzu."

Wir sangen das alles mit einer kindlichen Unbefangenheit, aber auch Ernsthaftigkeit und Bemühtheit, die man sich heute kaum mehr vorstellen kann.

Wir Jungs erlebten dort auch allerlei typische Abenteuer, von Pirat über Cowboy bis hin zu Kapitän und Lokführer. Wir gründeten eine „Bande", und ich war der „Bandenchef", mein erstes Amt, dem später mit Klassensprecher, Vorsitzender und Präsident noch viele weitere folgen sollten. Aber der Kindergarten blieb in besonderer Erinnerung – noch heute begrüßen mich Weggefährten aus dieser Zeit schmunzelnd als „Bandenchef".

Oft preschte ich auch nach vorne und warf mir selbst den Ball weit vor, indem ich Führungsaufgaben übernehmen wollte. Ich war halt nicht auf den Mund gefallen. So kam es wohl auch nicht von ungefähr, dass ausgerechnet ich, der artikuliert sprechen konnte, eine „Rede", die erste meines Lebens, 1970 im Alter von sechs Jahren bei der Verabschiedung der Schwester Oberin halten sollte.

Reden zu halten – daran hat sich bis heute nicht viel geändert. Aber als es damals konkret darauf zu ging, lernte ich etwas kennen, das mir bis heute treu geblieben ist und dem kein Künstler der Welt, wenn er die Sache ernst nimmt, ganz ausweichen kann: Lampenfieber. Mir war schlecht und ich hatte Bauchschmerzen, was ich als „Krankheit“ deutete. Dass es sich dabei um Lampenfieber handelte, habe ich erst später gelernt. Doch diese „Krankheit“ befällt mich bis heute vor jedem noch so kleinen Auftritt. An wichtigen Auftrittstagen, beispielsweise Premieren, Vorstellabenden im Karneval und vor allem Fernsehaufzeichnungen wache ich schon mit Unruhe und Grummeln im Bauch auf. Mit den Jahren lernt man, das besser zu kanalisieren und sich zu beruhigen, aber der Verstand und vor allem das Unterbewusstsein („Du musst heute liefern!“) lassen sich nicht täuschen. Da geht es dem Hausmann mit 56 wie dem kleinen Jürgen 50 Jahre zuvor. Doch ich spürte beim Auftritt vor der Schwester Oberin auch zum ersten Mal, wie das Unwohlsein nachließ, ja verschwand, sobald ich zu reden begann, und das ist heute noch so. Am Ende war die Rede ein voller Erfolg und mir ging es blendend; das machte Appetit auf mehr.

Der Glaube wurde vor allem durch meinen Bruder vorgelebt und gefördert, er sprach oft von Gott.

Wenn ich heute in der Kirche niederknie und das „Lamm Gottes“ bete oder die Worte „Herr, ich bin nicht würdig, dass du eingehst unter mein Dach, aber sprich nur ein Wort, so wird meine Seele gesund!", dann habe ich immer meinen Bruder vor Augen, wie er neben mir kniete und mit geschlossenen Augen inbrünstig betete. Ich habe diese Haltung übernommen und beibehalten und bin ihm in diesen Momenten so nah wie damals.

Meine Mutter besuchte die heilige Messe vor allem, wenn sie etwas auf dem Herzen hatte. Mich verwunderte, dass sie immer am Zweiten Weihnachtsfeiertag in der Messe weinte, wo doch Weihnachten das Fest der Freude schlechthin ist.

Meine Mutter und ich gingen damals immer am Zweiten Weihnachtstag allein zur Frühmesse, während die anderen noch schliefen. (Frühaufsteher waren wir alle, mit Ausnahme meines Bruders, der ein vortrefflicher Nachtmensch und demzufolge Morgenmuffel war) Die Messe begann mit dem feierlichen Einzug von Priester und Messdienern unter dem Klang von Weihnachtsliedern. Wir sangen, beteten mit und irgendwann begann meine Mutter zu weinen: Ich kniete dann, das erste Mal, als dies passierte, etwa als Fünfjähriger hilf- und fassungslos neben ihr und hätte ihr doch so gerne geholfen. Ich fragte sie verzweifelt: „Mama, warum weinst du denn, es ist doch Weihnachten!"

Sie erzählte mir dann, dass ihre Mutter am 26. Dezember 1935 im Alter von nur 47 Jahren an Krebs gestorben ist, nachdem kurz zuvor ihr kleiner Sohn überfahren worden war. Eine Ansammlung von Leid, die mir damals völlig unverständlich erschien, der ich aber selbst später noch oft begegnen sollte. Ich betete dann mit und für meine Mutter und die Verstorbenen, auch das sollte sich als roter Faden durch mein Leben ziehen. Am Ende gingen wir dann trotz allem gestärkt und doch in weihnachtlicher Fröhlichkeit wieder nach Hause.

Angesichts dieser Glaubensausrichtung von Haus aus stand für mich 1973 der höchste Festtag im Leben eines jungen Katholiken an: die Erste Heilige Kommunion, der „schönste Tag in meinem Leben" (später von mir als Kabarettist liebevoll persifliert).

Wir hatten einige Monate zuvor Kommunionunterricht bei unserem Kaplan und wurden am 29. April 1973 von unserem Pastor mit der Ersten Heiligen Kommunion bedacht. Bereits im Unterricht bekamen wir das Gefühl vermittelt, vor dem größten Ereignis unseres Lebens zu stehen. Selbst unser ganzes Umfeld, ja, das ganze Dorf, strahlte das aus.

Wir waren der geburtenstärkste Jahrgang (1964), gehörten also zu den sogenannten „Babyboomern", und es musste zwei Messen geben, weil die Kirche sonst zu klein gewesen wäre.

Die Vorbereitungen erstreckten sich über Monate und schlossen die ganze Familie mit ein. Ich bekam den ersten Anzug meines Lebens, einen braunen Smoking, der dem üblichen blauen Anzug einen avantgardistischen Kontrapunkt entgegensetzte, und war entsprechend stolz und aufgeregt. Meine Tante Agnes spendierte, wie bei allen Kindern der näheren Verwandtschaft, die Kommunionschuhe, der feierlichste Schuhkauf meines Lebens, zumal man auch in den Geschäften nun wie ein Erwachsener, wenn nicht wie ein Star behandelt wurde.

Meine Patentante schenkte mir ein Fernglas, das ich mit meinem Vater aussuchte, und auch dabei war ich total aufgeregt. Ein wenig enttäuscht war ich nur, als mein Vater sich für die billigere Variante entschied. Der Verkäufer wandte ein: „Aber mit dem anderen Fernglas kann er auch nachts sehen." Mein Vater antwortete darauf mit seinem trockenen Humor: „Nachts soll mein Sohn schlafen, der guckt über Tag genug!"

Die Einladungskarten, die ich handschriftlich ausgefüllt hatte, überbrachten meine Eltern und ich persönlich, auch das war ein besonders feierlicher Akt.

Der Kommunionunterricht sollte uns innerlich, geistig und geistlich, auf den bevorstehenden Empfang des Sakraments vorbereiten und man bekam das Gefühl, zum ersten Mal unmittelbar von Gott berührt

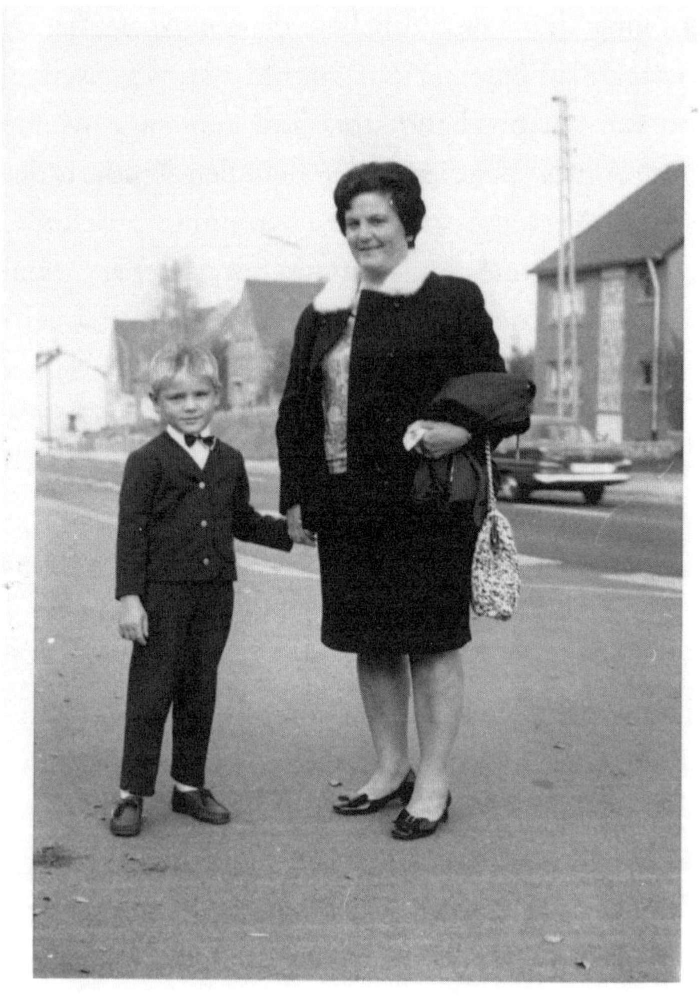

zu sein, in dem man seinen Leib in sich aufnahm – auch wenn wir Kinder das gar nicht begreifen konnten. Aber das ist ja gerade das Geheimnis des Glaubens, das auch wir Erwachsene bis heute nicht ganz verstehen, sondern nur glauben können. Aber gerade, dass man das – erst recht als Kind – nicht rational erklären konnte, machte das Mystische und Geheimnisvolle, das „mysterium fidei" dieses Tages aus.

Zu Hause wurde – ebenfalls in zwei Etappen – mit jeweils rund dreißig Gästen gefeiert. Am ersten Tag vorwiegend mit der Familie, am zweiten mit den Freunden und Nachbarn.

Die Feier war überwältigend für mich, ich war tief bewegt beim Empfang der Hostie. Wir nahmen sie als Mundkommunion zu uns, damit uns die Hostie nicht vor lauter Aufregung aus der Hand fiel, dazu Chor, Orgel und Weihrauch, feierlicher ging es nicht mehr.

Die beiden Tage wurde dann ununterbrochen, so fühlte es sich zumindest an, gegessen und getrunken, was mich später zu meinem Klassiker *„De Kommelion – der schönste Tag in meinem Leben"* inspirierte. Er sei deshalb, quasi als Bonus, an dieser Stelle noch einmal aufgeführt, zumal er bei meinen Auftritten immer wieder als Zugabe und Evergreen gefordert wird:

Und dann kommt der erste Höhepunkt im Leben: die Erste Heilige Kommunion. Wir im Rheinland sagen aber nicht Kommunion, sondern „Kommion“ oder „Kommelion“. Oder wir sagen einfach:

D‘r Jung‘ jeht mit,

vorijes Jahr is‘ et Mädchen mitjejangen – und keiner weiß, wohin!

Und dann kommt, gerade auf‘m Dorf, en Schild über de Tür: „Heut‘ ist der schönste Tag in meinem Leben!“ Dabei kriste mit acht, neun Jahren en enges Anzüjelchen oder Kleidchen an und darfst dich d‘r janze Taach nimmehr bewejen: „Du bleibst ruhig sitzen, sonst kris‘ du se jepisselt, heut‘ ist der schönste Taach in deinem Leben.“

Wir Kinder mussten noch nüchtern, also ohne Essen und Trinken, zur Kirche gehen und die alten Pastöre sangen uns dann durch ein dreistündiges, lateinisches Hochamt ins Koma. Danach ging das Ganze in ein endloses Essen und Trinken über, unterbrochen nur durch die Andacht um 15 Uhr, sozusagen eine Art „Fatburnermesse“.

Danach wandelte sich die Feier, wie alles im Rheinland, zu Karneval. Das Kommelionskind wurde ins Bett geschickt: „Du machst, dat de raufkomms, dat war der schönste Tag in deinem Leben.“

Und dann lag dat arme Kind oben im Bett, hörte wie de Famile Karnevalslieder sang, und dachte: „Wat wird dat für en Scheißleben, wenn dat heute der schönste Tag war!“

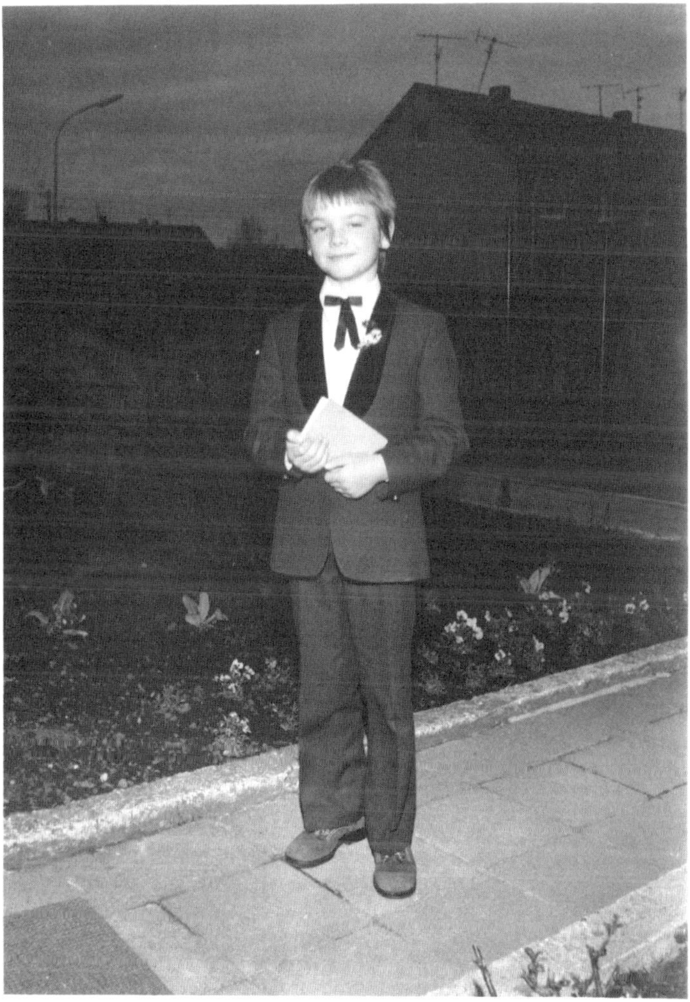

Das Ganze ist natürlich übertrieben, zugespitzt und persifliert, aber es war schon ein ganz besonderer Tag: Es gab eine riesige Anteilnahme in Geschenken, Glückwünschen und Zuwendungen, eine kaum zu bewältigende Freude für uns Kinder, aber auch für die Eltern.

Meine Mutter war ebenso gerührt wie begeistert und mein Vater schien nach schweren Jahren der Krankheit und einer Art innerer Emigration, in der er auch dem Alkohol zugesprochen hatte, noch einmal richtig aufzublühen. Er kaufte sich einen neuen Anzug, eine neue Uhr und wirkte auf alle viel gelöster und fröhlicher, wie zu einem neuen Aufbruch bereit.

Er war wie meine Mutter eigentlich ein sehr humorvoller, schlagfertiger und bisweilen sogar alberner Mensch, der etwas besonders gern tat, was er gar nicht konnte: singen. Dabei genossen Wiener Lieder und Operettenlieder wie „Meine Mama kommt aus Yokohama“ eine gewisse Präferenz. Eine Gewohnheit, die ich übernommen habe und bei mir noch heute unter der Dusche der Fall ist, allerdings ergänzt durch Karnevalslieder und alte Schlager der 50er- und 60er-Jahre.

Meine Eltern schienen nun insgesamt wieder an diese Fröhlichkeit anzuknüpfen: Man plante weitere bauliche Veränderungen am Haus und dass meine Mutter den Führerschein machen sollte und wir ein Auto bekämen. Mein Vater, der selbst keinen Führerschein besaß, bemerkte dann scherzhaft:

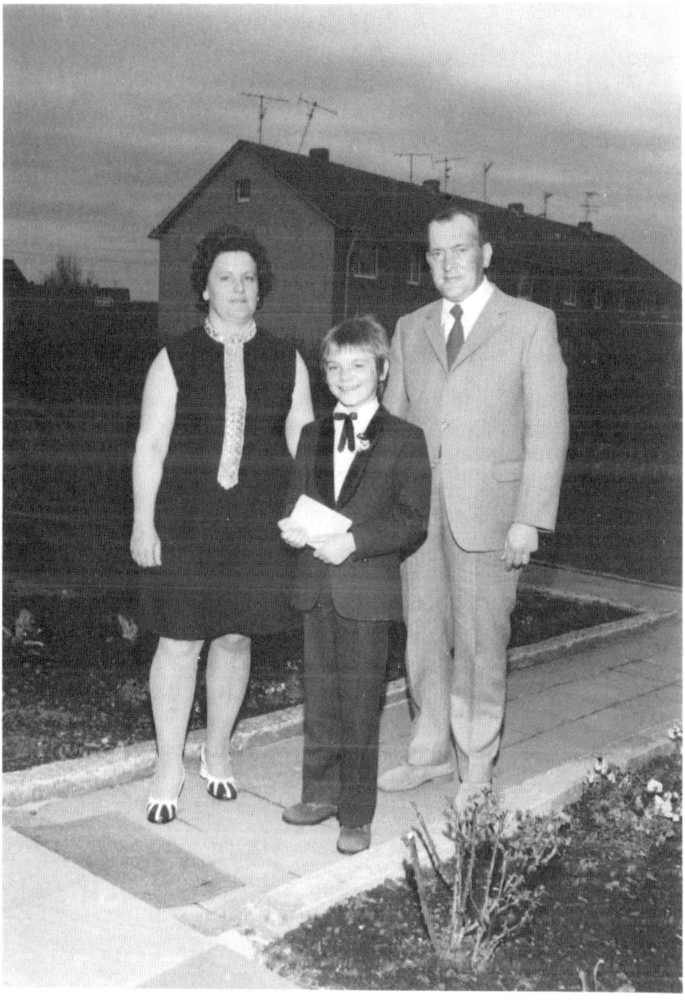

„Du kriegst ein Auto und den Führerschein, aber ich fahre weiter mit dem Bus – aus Sicherheitsgründen!“

Knapp drei Wochen später zerplatzten diese frohen und fröhlichen Träume jäh, und zwar in den frühen Abendstunden des 16. Mai 1973. Mein Vater brach auf einmal bewusstlos zusammen und der herbeigeholte Notarzt konnte ihm nicht helfen. Er wurde mit dem Rettungswagen ins Krankenhaus gebracht, wo man ihn nach der Diagnose „Gehirnblutung“ für klinisch tot erklärte.

Mein Vater wurde nur 44 Jahre alt, fünf Tage später wäre er 45 geworden. Meine Mutter war bereits 45, meine Geschwister 24 und 19 Jahre alt und ich war erst acht.

Obwohl man mir früh zu erklären versuchte, dass es keine Hoffnung gab, betete ich unter anderem in der Krankenhauskapelle kindlich, dass Gott meinen Vater am Leben lassen solle.

Am frühen Morgen des 18. Mai hatten alle Hoffnungen ein Ende. Mein Vater war verstorben. Ich werde das Bild nie vergessen: Meine Mutter und ich holten seine Habseligkeiten wie Brille, Gebiss, Kleidungsstücke etc. ab, die man pietätvollerweise in einen blauen Müllsack gesteckt hatte. Darin befand sich auch seine gut einen Monat zuvor erworbene neue Uhr.

Vier Tage später, am 22. Mai, einem brütend heißen Samstag, trugen wir ihn zu Grabe. Beim Beerdigungskaffee versammelte sich nahezu dieselbe Gästeschar, die drei Wochen zuvor in heiterer und gelöster Stimmung meine Erstkommunion gefeiert hatte. Die unmittelbare Nähe von Freud und Leid im Leben wurde allen Versammelten eindrücklich bewusst – und mir als Achtjährigem wohl am schmerzhaftesten.

3. Ein Ort des Schmerzes und der Einkehr

Meine Mutter, die nach dem Tod meines Vaters wie damals üblich ein Jahr in tiefes Schwarz gehüllt blieb, wirkte wie versteinert. Sie musste nun für uns Kinder da sein, vor allem für mich, den Jüngsten. Da der Sommer 1973 sehr heiß war, gingen wir in den Abendstunden täglich zum Friedhof, um die Blumen zu gießen.

Der Friedhofsbesuch wurde so für mich zu einem selbstverständlichen Ritual, das aber auch etwas Hoffnungsvolles hatte: Denn schon als Kind hatte ich das Gefühl, an diesem Ort dem oder den Toten nahe zu sein, obwohl sich ja lediglich die sterblichen Überreste hier befinden.

Vor allem in der Kombination mit Gebet hatte das Ganze etwas Tröstliches, da – wenn man in dem Glauben an eine himmlische Hoffnung verankert ist – nach dem Tod ja erst das eigentliche Leben beginnt, in dem wir uns alle wiedersehen werden. Daran glaube ich bis heute fest und schöpfte wie schöpfe daraus sehr viel Kraft für die täglichen Unbilden des Lebens.

Ich weiß, dass viele Menschen den Friedhof meiden oder eher als Ort von Schrecken und Leid ansehen, und ich kann diese Einstellung auch verstehen. Hier muss wohl jeder seinen individuellen Zugang zum und Umgang mit dem Tod finden.

Für mich ist der Gang zum Friedhof bis heute ein fast tägliches Ritual, bei dem ich mit meiner Familie und Gott in einen Dialog trete und für mein Leben immer wieder Trost, Kraft und Neuausrichtung finde.

Ich besuche nach wie vor regelmäßig den Gottesdienst, ziehe mich aber auch öfters zum Gebet an Marienkapellen zurück, wie man sie oft in Wäldern oder auf Feldern findet. Das hat auch seinen Grund darin, dass ich als Mensch, der stets mit vielen Menschen zusammen ist, bisweilen Stille und Zurückgezogenheit brauche. Mit Einsamkeit hat das nichts zu tun.

An der Kapelle zünde ich dann eine Kerze an, spende etwas, bete still und trete in einen inneren Dialog mit Gott und der Mutter Maria. Hier habe ich sowohl durch das Gebet das Gefühl bekommen „Alles wird gut" als auch „Es kommt Schweres auf dich zu, du brauchst jetzt viel Kraft!", bei frohen Ereignissen wie meiner Hochzeit, Erfolgen im Beruf, bei Krankheiten, bei der Geburt der Kinder, aber auch beim Tod meiner Mutter und den schweren Jahren der Ehekrise. Dabei bete ich auch immer still ein traditionelles Marienlied, das eine Art „Nationalhymne" meines Heimatortes Mariadorf ist:

„Segne du Maria, segne mich dein Kind,
dass ich hier den Frieden, dort den Himmel find.
Segne all mein Denken, segne all mein Tun,
lass in deinem Segen Tag und Nacht mich ruh'n,
lass in deinem Segen Tag und Nacht mich ruh'n."[6]

4. Schule zwischen „Name der Rose" und „Feuerzangenbowle"

Mit der Grundschulzeit 1971 hatte – so die Meinung der Erwachsenen – für mich „der Ernst des Lebens" begonnen. Das traf aber nur bedingt zu. Gott sei Dank! Natürlich ging es in der Schule geregelter, geordneter und nicht mehr nur spielerisch zu, aber an unserer Schule bemühte man sich, spielen und lernen miteinander in Einklang zu bringen. Wir lernten und wir durften und konnten nachmittags noch genug spielen. Wir hatten noch eine richtige Kindheit, die ich heute – auch bei meinen eigenen Kindern – immer mehr schwinden sehe. Wir spielten nachmittags draußen Fußball, Fangen, Verstecken, Hicke, Gummitwist, Knicker oder Murmeln und kamen am frühen Abend schmutzig, ausgepowert und hungrig nach Hause.

Meine Grundschullehrerin, Frau Frohn, war eine junge und moderne Pädagogin, die uns viel Freiraum ließ und uns zugleich die Grenzen aufzeigte. Sie erkannte früh mein künstlerisches Talent, vor allem, als ich mit einigen Klassenkameraden einen

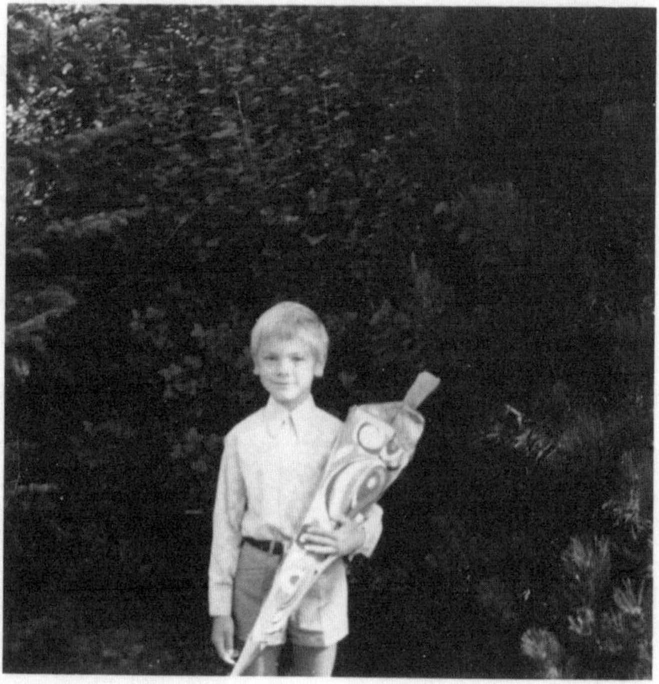

„Zirkus“ ins Leben rief und wir vor der gesamten Klasse Aufführungen machten, bei der die Lehrerinnen Ehrengäste und die Klassenkameradinnen und Kameraden Zuschauer waren. Es waren unvergessliche Erlebnisse. Ein Artist dieses Zirkusses war übrigens der spätere Bundesliga- und Nationalspieler Peter Lehnhoff.

Bis zu meinem zehnten Lebensjahr besuchte ich auch den sonntäglichen Gottesdienst, aber nicht regelmäßig. Als Kind sah ich das zunächst etwas lockerer, und mir kamen – wie vielen Kindern – die oft langen Gottesdienste langweilig vor, weil ich viele Inhalte noch nicht verstand und die Musik auf die mir fremde und unheimliche klassische Kirchenmusik beschränkt blieb, deren Zauber und Mystik mir noch verschlossen waren.

Das sollte sich ändern, als ich mit zehn Jahren Schüler am Heilig-Geist-Gymnasium (nomen est omen!) im Würselener Ortsteil Broich wurde. Diese Schule ist nun seit 46 Jahren in der einen oder anderen Form fester und (mit-)bestimmender Bestandteil meines Lebens.

„Heilig-Geist-Gymnasium" – der Name war Programm: Wir Schüler sollten mit dem Heiligen Geist des Glaubens, aber auch des Lernens erfüllt werden. Der Orden, der diese Schule führte, heißt „CSSp: Congregatio Sancti Spiritus", auf Deutsch: Spiritaner.

So fremd mir noch die lateinische Bezeichnung war, so fremd war mir auch das Erscheinungsbild der Patres, die an dieser Schule unterrichteten: Sie trugen lange schwarze Kutten, dazu schwarze Schuhe oder Sandalen. Das wirkte furchteinflößend und ein bisschen mittelalterlich. Selbst die Herren in den Kutten wirkten auf den ersten(!) Blick distanziert und vergeistigt.

Ich wollte nicht hierhin!

Keiner meiner Freunde war hierhin gegangen, sondern alle an das Städtische Gymnasium Alsdorf. Mein Bruder hatte mich einfach bei den Spiritanern angemeldet. Nachdem ich davon erfahren hatte, warf ich mich heulend auf mein Bett, wohl wissend, dass Widerstand zwecklos war. Aber vielleicht waren all diese Befürchtungen ja unbegründet ...

*

Der Eröffnungsgottesdienst in der kleinen Klosterkirche wirkte wenig einladend. Er war eine steife und ernste katholische Zeremonie, der man kaum anmerkte, dass es sich um einen Gottesdienst für Kinder handelte, die nun einen weiteren, wichtigen und entscheidenden Abschnitt ihres Lebens begannen. Hier hatte ich wirklich den Eindruck: „Jetzt beginnt der Ernst des Lebens!"

Dieser Eindruck verstärkte sich, als unsere neue Klassenlehrerin uns einwies: Eine strenge, nüchterne, norddeutsch geprägte Lehrerin, die keinen Zweifel daran aufkommen ließ, wer hier die Frau im Hause war. Es gab eine klassische Sitzordnung in Reihen an Zweierpulten und einen klaren Lern- und Paukplan, von dem keineswegs spielerisch abgewichen wurde. Der Schwimm- und Sportunterricht wäre eine gute Basis für die Grundausbildung bei der Bundeswehr gewesen.

Ich fühlte mich in den ersten Wochen sichtlich unwohl und sehnte mich nach meiner alten Grundschule zurück. Die größte und wichtigste Veränderung zum Grundschul-Stundenplan war nun die Messe: Wir hatten einmal pro Woche Gottesdienst in der kleinen Klosterkirche. Eine Kirche, mit der ich nie ganz warm wurde, weil sie unter anderem alle baulichen und farblichen Geschmacklosigkeiten in sich vereinigte.

Denn während es in Bayern und Italien zahllose meisterhafte Barockkirchen gab, hatten wir eine eigene Spielart: Gelsenkirchener Barock spiritanischer Prägung. Die Orgel war die Billig- und Miniaturausgabe einer echten Kirchenorgel, bei der sich selbst meisterhafte Musiker verzweifelt bemühen mussten.

Und doch vollzog sich bei mir in dieser Kirche mit ihrem seltsamen Ambiente (künstliche Blumen gehörten selbstverständlich dazu) eine innere Wendung. Zum einen war da nämlich das Erlebnis, mit den Mitschülern regelmäßig gemeinsam Gottesdienst zu feiern – dass das einige unwillig, undiszipliniert und unaufmerksam taten, liegt auf der Hand und gab dem Ganzen menschliche Züge –, zum anderen aber auch die tiefe Ernsthaftigkeit und Gläubigkeit, die viele Mitschüler und vor allem der Priester am Altar, der ja auch Lehrer war, vermittelten. Die Patres sprachen offen davon, dass sie ihr Leben in den Dienst Gottes gestellt hatten und das nahm man ihnen auch ab.

Dies hat mich tief und fest geprägt, wenn auch die letzten Skandale der Kirche, vor allem der Umgang mit den Missbrauchsverbrechen, tiefe Zweifel, nicht am Glauben, aber an der Institution Kirche, haben wachsen lassen.

Bei den Patres, wie auch bei vielen Mitschülerinnen und Mitschülern spürte man eine tiefe Verwurzelung im Glauben, die im Elternhaus ihre Grundlage hatte. Das galt beispielsweise auch für das morgendliche Gebet: Nicht alle, aber viele beteten andächtig und überzeugt mit. Besonders beeindruckend war es auch, wenn einige Hundert Schüler in der Kirche gemeinsam sangen: „Heilig bist du, Gott unser Herr, Vater der ganzen Welt ...“

Zum ersten Mal folgte ich den Texten und Liedern des Gottesdienstes mit Verständnis und wirklichem Interesse und hatte das Gefühl, dass sie mein Leben im Innersten berührten und der Gottesdienst eine Kraftquelle für das Leben war. Und genau seit diesem Zeitpunkt, etwa Oktober 1975, gehe ich regelmäßig zum Gottesdienst, wann immer es meine Gesundheit und Lebensumstände zulassen.

In dieser Zeit begann ich ebenfalls, wenn auch noch kindlich und zaghaft, „mit Gott zu sprechen", ihm meine Sorgen, Nöte und Anliegen vorzutragen, aber ihm auch für Erfolge und Erfreuliches zu danken.

Die Erfolge in der Schule hielten sich allerdings noch im Rahmen. Dafür nahm meine Fußballbegeisterung, die bei der Fußball-WM 1974 ihren Anfang gefunden hatte, weiter zu, auch weil in den Schulpausen sowie mittags nach der Schule mit einem Tennisball Fußball gespielt wurde. Ich war Anhänger des FC Bayern München mit Beckenbauer, Maier und Müller. Viele meiner Mitschüler begeisterten sich aber für Borussia Mönchengladbach mit Kleff, Vogts, Wimmer, Heynckes und wie die anderen Spieler alle hießen. Darüber hinaus waren wir aber natürlich, sozusagen von Geburt an, Anhänger von Alemannia Aachen, die in der zweiten Liga spielte und wie Sisyphos den Aufstieg in die erste Liga anstrebte.

Über den Fußball gewann ich mehr und mehr neue Freunde. So fühlte ich mich nun an dieser Schule auch zunehmend zu Hause, zumal sich in der strengen äußerlichen Fassade doch einige Risse zeigten.

Sie deuteten auf menschliche Eigenheiten, Macken und Schwächen hin, die das Ganze aber plötzlich durchaus sympathischer erscheinen ließen. Das alles gab dieser streng wirkenden Anstalt einen familiären Charakter, mit ein wenig Don-Camillo-Touch, der sie gerade deswegen besonders liebenswürdig machte. Nichtsdestotrotz war sie eine strenge Lehranstalt, an der Tugenden wie Fleiß, Ehrgeiz und Strebsamkeit etwas galten. Doch schaute man mal wirklich hinter die strenge Kulisse, war diese Schule eine Art klerikale „Feuerzangenbowle", in der sich viele Originale tummelten. Hier ein paar Beispiele, an die ich mich nur zu gerne erinnere:

- Morgens, wenn wir den Schulhof betraten, winkte uns stets ein älterer Mann in Gärtnerkleidung zu: Bruder Lutwinus (einen solchen Namen hatte ich zuvor noch nie gehört). Er hatte einen Klosterhund(!), Bobby, der gelegentlich auch über die Schulflure streunte und jeden freundlich begrüßte. Lutwinus bewirtete mit Bruder Johannes, der nur einen Arm und auf der anderen Seite einen Stumpf durch eine Kriegsverletzung besaß, die Klostergärten, in denen Blumen, Salat und Gemüse gezüchtet wurden. Eine für mich völlig fremde und exotische Welt! Dass die beiden im

Gewächshaus allerdings schon morgens Korn in maskuliner Form pflegten, war mir damals zu Beginn meiner Schullaufbahn noch nicht bekannt.

- Und dann gab es einen Pater, der mit brennender Zigarre im Mund die Schulflure durchschritt. Nur während des Unterrichts legte er sie ab, nahm sie aber beim Klingelzeichen sofort wieder in den Mund. Es handelte sich um Pater Gilb, einen herausragenden Altphilologen, der den Spitznamen „Spigger" hatte. Er bekam ihn, weil er die Schüler stets des Abspickens verdächtigte, als Pfälzer aber spicken „spiggen" aussprach und auch ansonsten durch Zigarre und Pfälzer Dialekt schwer zu verstehen war. Zum ersten Mal entlockte mir die Fremdartigkeit dieser Welt nicht nur ein Lächeln, sondern sogar ein Lachen.

Geraucht haben übrigens die meisten Patres, allen voran unser Direktor Pater Schmitz, der sich dadurch den Spitznamen „Schlot" erworben hatte und wohl von seinem Typ her das Wort „ver-schmitzt" ohne Weiteres erfunden haben könnte. Ihn hatte ich schon einige Jahre vorher kennenlernen dürfen, und zwar durch meinen Bruder.

5. Glaube, Humor und viel Menschlichkeit

Es war ein besonderes Bild, wenn die Patres unter dem feierlichen Orgelklang in die Kirche einzogen. Gleichzeitig erlebten wir sie auch im Alltag als bedingungslose Diener Gottes. Ein Bild, das nach den vielen kirchlichen Missbrauchs-Skandalen, die sich in aller Welt und jüngster Zeit auftaten, heute natürlich sehr infrage gestellt wird.

Selbst mein Bruder hatte 1971 den Entschluss gefasst, Priester zu werden und sich eben jenem Orden der Spiritaner anzuschließen. Er bewunderte Pater Schmitz, den Direktor unserer Schule, sehr. Dieser kam dann auch mal zu uns nach Hause. Eine Sensation! Zumal er während seines Besuchs erzählte, dass er im Krieg bei der Marine gewesen war, und ich ja damals sehnsüchtig Kapitän werden wollte (Lokführer wäre die Alternative gewesen). Pater Schmitz eroberte durch seine Seemannsgeschichten im Sturm mein Herz, das er übrigens bis zu seinem qualvollen Tod im Jahre 2004 behalten sollte.

Er verkörperte genau die Eigenschaften, die mich damals mehr und mehr in das Heilig-Geist-

Gymnasium und dessen Welt hineinwachsen ließen: ein tiefer Glaube, ein schlitz- (besser gesagt ein schmitz-)ohriger rheinischer Humor Adenauer'scher Prägung, aber in der Sonderform des Bergischen Landes (Schmitz stammte aus Much im Rheinisch-Bergischen Kreis) gepaart mit einer tiefen Menschlichkeit, die ihn über manche Schwäche hinwegsehen oder sie gar verzeihen ließ.

So ließ er beispielsweise einmal eine Schülerin, die schwanger wurde (damals ein absoluter Skandal, zumal in diesem katholischen Umfeld, das teilweise noch den Geist der 50er-Jahre atmete), ein Jahr später das Abitur nachholen. Er holte sie zu einem persönlichen Gespräch und versicherte sie seines seelsorgerlichen Beistands. Die Meinung des Umfelds interessierte ihn dabei nur bedingt.

Er war eben in dieser Situation Seelsorger und nur Mensch. Dabei war er im Schulalltag als Chef und Lehrer durchaus streng und penibel, ließ aber bisweilen seinem Charme und Witz freien Lauf, wenn er uns Schüler mit „Na, ihr Räuber!" begrüßte und uns freundlich beim Fußballspiel zusah.

Einen anderen Pater Schmitz erlebte man allerdings sonntags in der Messe der Pfarre Sankt Jöris, die er als Geistlicher betreute und die nur wenige Hundert Einwohner zählte. Hier war er Papst, wenn nicht Gott und zugleich ein „Seel-Sorger“ im besten Sinne des Wortes, der zudem als ausgebildeter Germanist mitreißend zu predigen wusste. Hier schienen Glaube und Wirklichkeit ineinanderzufließen und, ja, auch ich habe zumindest darüber nachgedacht, Spiritaner und damit Priester zu werden. Aber dieser Ruf ist nicht an mich ergangen. Der Zölibat war dabei nicht einmal der Hauptgrund. Es ist vielmehr so: Ich fühle mich bis heute eher als Schaf denn als Hirte. Ich nehme den Glauben in kindlicher Weise als Stütze für mein Leben, gerade für die schwierigen Situationen, versuche ihn auch durch mein Vorleben zum Beispiel meinen Kindern zu vermitteln, besitze aber keinen missionarischen Eifer.

Daran änderte auch nichts, dass Pater Schmitz meiner Familie und mir in tiefer Freundschaft verbunden war, und er maßgeblichen Anteil daran hatte, dass ich später als Lehrer an meine alte Schule zurückkehrte. Diese Freundschaft vertiefte sich sogar noch, als sein Leben eine tiefe, schicksalhafte Wendung nahm.

1989 erlitt er einen Schlaganfall, von dem er sich nie mehr ganz erholte. Sieben Jahre später folgte ein weiterer. Die letzten Jahre verbrachte er, durch eine Magensonde ernährt, als Pflegefall im Bett, liebevoll gepflegt von seiner ehemaligen Sekretärin, Frau

Soquat. Es war ein trauriges und hoffnungsloses Bild, diese einst so beeindruckende Persönlichkeit so zu sehen.

Aber gerade in den Jahren nach seinem Schlaganfall haben wir ihn häufig besucht, auch Witze und Geschichten ausgetauscht und von alten Zeiten geschwärmt, vor allem immer am Zweiten Weihnachtstag, dem Stephanustag, seinem Namenstag.

Pater Schmitz starb im Frühjahr 2004.

In seinem Beerdigungsgottesdienst durfte ich eine Ansprache halten, die ich unter das Motto stellte: „Er war ein Mensch unter Menschen." Als Schlusssatz wählte ich eine Sentenz aus Shakespeares Hamlet, die ich für besonders zutreffend halte: „Er war ein Mensch, nehmt alles nur in allem, ihr werdet nimmer seinesgleichen seh'n."

Neben seinen schulischen und seelsorgerlichen Leistungen sind vor allem zahlreiche Witze und Anekdoten geblieben, die sich um diesen einzigartigen Seelsorger und Menschen ranken.

- Ein Pater übernachtet in einem Nonnenkloster. Während in seinem eigenen Orden die Patres morgens mit dem Ruf geweckt werden: *„Gelobt sei Jesus Christus!"* und die Geweckten antworten *„In Ewigkeit, Amen!"*, wecken die Nonnen ihre Mitschwestern mit dem Ruf *„Es lebe Jesus Christus"*, worauf man ebenfalls *„In Ewigkeit, Amen!"* erwidert, was der Pater aber nicht weiß. Als man ihm morgens zuruft: *„Es lebe Jesus Christus!"*, zögert er kurz und schreit dann aus voller Brust: *„Er lebe hoch!"*

- Ein Witz über Heinrich Lübke, den man später auch auf Helmut Kohl umdeutete: Der Bundespräsident spricht vor dem Olympischen Komitee und liest seine Rede vom Blatt ab. Er beginnt: „O O O O O!" Daraufhin eilt ein Berater herbei und sagt entsetzt: *„Aber, Herr Bundespräsident, das sind doch die Olympischen Ringe!"*

Schmitz amüsierte sich bisweilen, wenn die Frömmigkeit zu extreme oder gar bigotte Züge annahm, so zum Beispiel, wenn jemand nach jedem Satz ein *„So Gott will"* hinzufügte. Er zündete sich dann demonstrativ eine Zigarette an und sagte: „Ich rauche jetzt eine, so Gott will!"

Als später wir ehemaligen Schüler – nun junge Studenten – das Fußballspielen mit dem Tennisball samstags morgens fortsetzten, lud uns der Direktor zu einem gemeinsamen Whisky in sein Amtszimmer ein. Wohlgemerkt, es war etwa zehn Uhr morgens und der Samstag war ein Schultag. Wir waren gleichsam von der Ehre wie vom vierzigprozentigen

Getränk benommen und setzten unser Fußballspiel dann umso beschwingter fort – heute unvorstellbar!

Einmal beobachtete ich als Schüler, wie eine sehr engagierte, aber auch sehr anstrengende Kollegin unentwegt auf den Direktor einredete. Als sie dann endlich, wie immer verspätet, zum Unterricht ging, machte Pater Schmitz ein Kreuzzeichen und sagte leise: „Herr, du legst mir schwere Prüfungen auf!" – Als Pater Schmitz mich dann bemerkte, schmunzelte er nur leicht und sagte: „Jürgen, das bleibt unter uns!"

Gerne erinnere ich mich auch an den Besuch des Petersdoms mit Pater Schmitz. Bei einer Führung zeigte er uns den Baldachin über dem Papstaltar und erklärte, scheinbar wissenschaftlich und ungerührt: „Bei der Höhe des Baldachins hat der Künstler Bernini sich exakt an der Höhe des Kirchturms meiner Heimatgemeinde St. Jöris in Eschweiler orientiert." Pater Schmitz vermochte es dabei, keine Miene zu verziehen, zumindest äußerlich, zumal es in seiner Pfarre wohl die meisten Menschen geglaubt hätten.

Vielleicht sollten heutige Priester auch wieder etwas ver„schmitz"ter sein und seelsorgerliche Arbeit mit menschlicher Empathie verbinden. Ich erwarte von einem Seelsorger, dass er sich eher um die Seele und die religiösen Dinge sorgt, als dass er über politische Zusammenhänge spricht.

6. Büttenredner und Vorbeter – eine originelle Ausbildung

Pater Schmitz war es auch, der bereits früh mein rhetorisches Talent erkannte, das ich von Februar 1976 an in Büttenreden präsentierte, erst vor meiner Klasse und ab 1981 vor der ganzen Schule.

Zwar hatte die Schule mit rheinischem Karneval etwa so viel zu tun wie ein Kloster der Karmelitinnen mit einer Misswahl, doch genau hier sollte meine Bühnenlaufbahn beginnen.

Mit elf Jahren hielt ich auf der Karnevalsfeier meiner Klasse, der Sexta A, meine erste Büttenrede. Unsere Klassenlehrerin hatte eine Karnevalssitzung organisiert und ich hatte mich spontan als Büttenredner gemeldet. Auf die Frage „Kannst du das denn?“, hatte ich ganz einfach mit einem Ja geantwortet. Meine Mutter war entsetzt ob solchen Vorwitzes und so sollte es ein Leben lang bleiben.

Obschon ich starkes Lampenfieber hatte, wurde der Auftritt ein Erfolg. Der Stil war schon der heutige: Ich hatte alles und jeden genau beobachtet und parodierte oder persiflierte nun die Sprache, das Aussehen oder die Macken der Lehrer wie Schüler.

Der Grundstein für meinen Werdegang war gelegt. Fünf Jahre später trat ich dann vor der versammelten Schule mit etwa 800 Zuschauern auf.

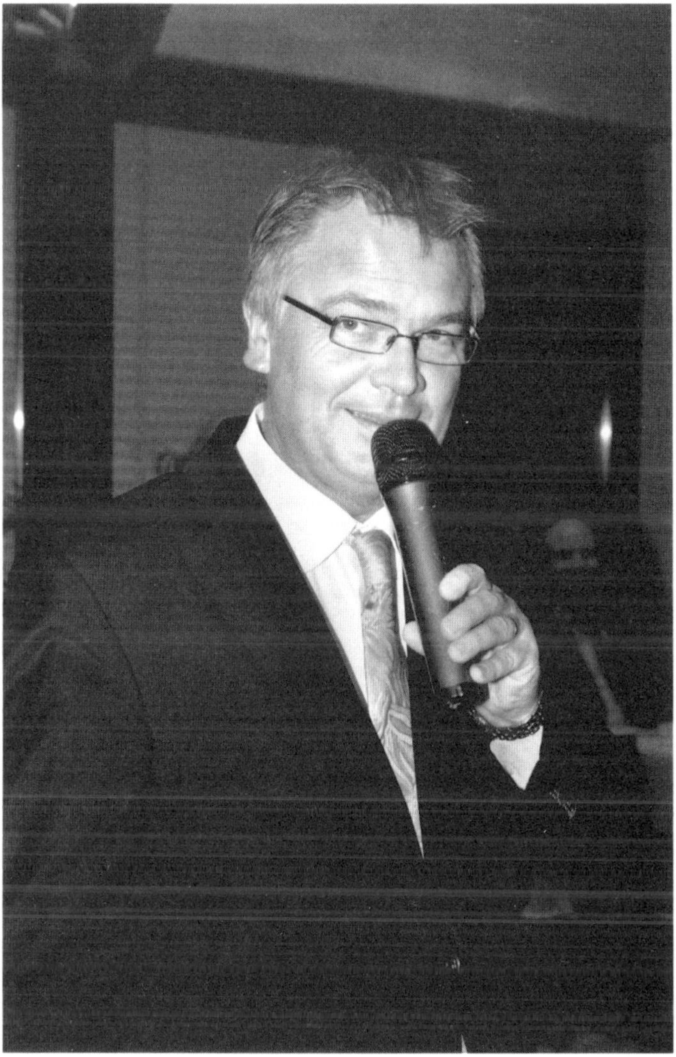

Pater Schmitz sagte dazu: „Es ist eine große Gabe, die Menschen mitzureißen, aber das kann auch gefährlich sein!" – Da ich diese Gabe aber nie in politisch bedenklichem Zusammenhang genutzt habe, wurde sie weder mir noch anderen gefährlich. Es gab höchstens die Versuchung, gerade als ganz junger Mensch, durch den Jubel Hunderter Zuhörer „abzuheben". Davor aber bewahrten mich die weniger lustigen Seiten des Lebens.

Als ich regelmäßig in die Kirche ging und mich ihr sehr verbunden fühlte, hatte ich auch den Wunsch, aktiv am Gottesdienstgeschehen mitzuwirken. Nicht als Messdiener, sondern meiner rhetorischen Veranlagung entsprechend als Vorbeter oder Lektor.

Unser Pfarrer fand zwar, dass ich für diese Aufgabe recht jung sei, gab mir aber dennoch eine Chance.

Heute kann ich mich noch gut an meinen ersten „Auftritt" als Lektor in meiner Heimatgemeinde St. Mariae Empfängnis in Mariadorf erinnern. Im Hochamt vor circa 500 Gläubigen trug ich die Lesung und die Fürbitten vor. Ich hatte davor wieder ein unglaubliches Lampenfieber. Vielleicht war das dann auch der ausschlaggebende Grund dafür, dass ich mich dreimal verlesen habe. Jedenfalls war ich danach mit mir nicht hundertprozentig zufrieden. Doch der Pfarrer wie auch die Kirchenbesucher sahen das ganz anders. Sie waren vielmehr beeindruckt von meinem sicheren und akzentuierten Lesen und der relativ lauten Stimme, die man überall gut verstehen konnte.

Dieses Kompliment bekomme ich noch heute von vielen, vor allem älteren Zuschauern meiner Programme. „L,l,d" – langsam, laut und deutlich waren übrigens auch die Regeln, die wir in unserer Schulzeit eingeimpft bekommen hatten.

Auf dem Rückweg nach Hause von meinem ersten Gottesdienst als Lektor versicherte mir ein alter Nachbar: „Von dieser Tätigkeit wirst du ein Leben lang profitieren!" Damals wusste ich nicht genau, was er damit meinte, habe es aber in meiner inzwischen jahrzehntelangen Rednertätigkeit immer mehr begriffen.

*

Das aktive Vorlesen biblischer Texte förderte zudem mein Glaubensverständnis, zumal ich die Texte auch vor dem Gottesdienst mehrmals durchging und übte.

Ein Text ist mir dabei besonders in Kopf und Herz geblieben – die Erste Lesung am Heiligen

Abend in der feierlichen Christmette in einer proppenvollen Kirche:

„Denn uns ist ein Kind geboren! Ein Sohn ist uns geschenkt! Er wird die Herrschaft übernehmen. Man nennt ihn ‚Wunderbarer Ratgeber', ‚Starker Gott', ‚Ewiger Vater', ‚Friedensfürst'"[7] (Jesaja 9,5).

Besonders beeindruckend war, wenn dann nach der Verkündigung des Weihnachtsevangeliums die dunkle Kirche plötzlich hell erleuchtet wurde, die Orgel erklang und der Kirchenchor sowie die versammelte Gemeinde gemeinsam mit voller Kraft sangen:

„Menschen, die ihr wart verloren,
lebet auf, erfreuet euch!
Heut ist Gottes Sohn geboren,
heut ward er den Menschen gleich.
Lasst uns vor ihm niederfallen,
ihm soll unser Dank erschallen:
‚Ehre sei Gott, Ehre sei Gott,
Ehre sei Gott in der Höhe!'"[8]

Übertroffen wurde und wird dies nur noch vom Schluss der Messe und dem unvergleichlichen „Stille Nacht, Heilige Nacht". Dies ist bis heute so geblieben und seit 2009 ist Weihnachten bei uns besonders stimmungsvoll durch die Anwesenheit meiner Kinder. Alle spüren dann: „Jetzt ist Weihnachten!"

Früher hatte ich persönlich zusätzlich einen anderen Moment, der für mich untrennbar mit Weihnachten verknüpft war. Nämlich der, wenn mein Bruder nach dem Essen und der Bescherung zur Gitarre griff und zuerst „Jingle Bells“ spielte und sang, anschließend „White Christmas“ und später, nachdem er sich in Spanien aufgehalten hatte, auch „Feliz Navidad“.

Doch Weihnachten 1981 war etwas anders: Mein Bruder hatte seine Gitarre verkauft, was wir damals alle nicht verstanden. Unser Gesang an diesem Weihnachtsfest blieb stimmungs- und farblos. Es war mit Sicherheit ein Zeichen, denn es sollte auch das letzte Weihnachtsfest sein, an dem mein Bruder in unserer Mitte war.

7. Triumph und Tragödie

Am Gymnasium war ich ein fleißiger und erfolgreicher Schüler, dem allerdings die Fächer Mathematik, Physik und Chemie immer fremd blieben. Meine Stärken lagen vielmehr im sprachlichen und gesellschaftswissenschaftlichen Bereich. Insofern hatte ich von meinem Vater wohl nicht nur seinen Humor und seine Schlagfertigkeit mitbekommen, sondern auch Anteile seines nahezu fotografischen Gedächtnisses beim Bücherlesen.

Schon in der 9. Klasse hatte ich mich entschieden, Latein, Griechisch und Geschichte zu studieren. Das lag vor allem an meinem Lehrer und Vorbild Arno Offermanns, der uns einen mitreißenden und faszinierenden Griechischunterricht bot. Er brannte für seine Sache, und wenn er mit seiner prägnanten Stimme vor der Klasse deklamierte, schien Homers Odysseus wieder dem Meer zu entsteigen oder Sokrates noch einmal vor dem Gerichtshof in Athen zu stehen. So motivierte er neben mir drei Mitschüler zum Studium der Klassischen Philologie. Unvorstellbar!

Neben der Schule beschäftigten mich aber auch andere Dinge: der Fußball und meine Begeisterung für Alemannia Aachen, mein schwarzer Schäferhund

Sascha und schon damals meine Vorliebe für Krimi-Serien („Der Kommissar", „Der Alte", „Derrick", „Tatort") und die großen Showmaster (Peter Frankenfeld, Hans-Joachim Kulenkampff, Peter Alexander), denen ich nacheiferte, ohne sie in Wortwitz, Charme und Entertainment je erreichen zu können.

Im Gegensatz zu meinen damaligen Klassenkameraden war ich in der Pubertät jedoch ein Spätzünder. Auch dadurch, dass ich eher mit schulischen Dingen und den Folgen des Schicksalsschlages, zum Beispiel dem Aufwachsen ohne einen Vater, beschäftigt war, fand ich erst später Zeit, die Augen auf Mädchen zu lenken.

Zum ersten Mal verliebte ich mich – etwas zögerlich – in die Tochter unseres Musiklehrers, die in unserer Klasse war. Sie war eine zarte, blonde, musisch begabte Schönheit. Sie schaffte es sogar, dass ich in klassische Schulkonzerte ging, wo ich ihr fasziniert lauschte und zusah, wenn sie auf dem Klavier Stücke von Claude Debussy brillant spielte. Dass ich sonst eher Alemannia Aachen zuneigte, bekam allerdings auch mein Musiklehrer, ihr Vater, mit. So war ich in seinen Augen keineswegs standesgemäß. Und bei aller Faszination für die Musik merkte ich schon bald, dass das einfach nicht meine Welt war. So habe ich mich dann auch mit einer offenen Liebeserklärung zurückgehalten, um bloß keine Enttäuschung zu erleben.

Im Frühjahr 1981 hoffte ich jedoch, auf einer Klassenfahrt mit Pater Schmitz nach Rom, die Enttäuschung in Liebesglück verwandeln zu können.

Wir hielten uns über Ostern mit einer etwa 15-köpfigen Schülergruppe in Rom auf und Pater Schmitz führte uns nicht nur kundig, sondern auch mit Herzblut durch die Stadt. Er ließ uns selbst an den großen Papstmessen und einer Audienz teilhaben.

In unserer Gruppe befand sich ein schwarz gelocktes, hübsches Mädchen mit dunklen Augen: Brigitte. Ich war sofort völlig verliebt. Ein Gefühl, das ich so gar nicht kannte. Ich erinnere mich noch an den gemeinsamen Rückweg von der „Piazza Navona" zu unserem Quartier, dazu die Faszination des nächtlichen Roms: Ein unbeschreibliches Glücksgefühl empfand ich da, das aber leider nie zu einer festen und erfüllten Liebe führte. Ich war einfach zu schüchtern, zu unerfahren und zu ungeschickt.

Deshalb wandte sich Brigitte jemanden zu, dem das damals anscheinend besser gelang – ausgerechnet meinem besten Freund. Das Ende dieser Geschichte kann man sich schon vorstellen, bevor ich es aufschreibe: Ich verlor beide(s): Freundschaft, Liebe und beide Personen.

Die beiden nun jeden Tag Hand in Hand oder eng umschlungen auf dem Schulhof zu sehen, bereitete mir sehr große Schmerzen. Vor allem am Karnevalssamstag 1982, als ich die beiden unmittelbar vor mir sah. An diesem Samstag hielt ich bei der Karnevalsveranstaltung unserer Schule meine jährliche Büttenrede. Vor 500 Schülern stand ich oben auf der Bühne und die beiden standen im Publikum direkt vor der Bühne, erste Reihe.

Weinen und lachen lagen hier direkt beieinander. Das sollte mir noch oft begegnen. Doch im „annus horribilis“ 1982 waren mein zerbrochenes Liebesglück und mein gebrochenes Herz bei Weitem nicht der größte Schmerz.

*

Nach einigen Irrungen und Wirrungen, die mir damals unverständlich erschienen, hatte sich mein Bruder 1982 endgültig für das Priesteramt entschieden. Er wollte sich erneut dem Orden der Spiritaner anschließen, aber dieses Mal auswandern, und zwar in das Missionsgebiet nach Brasilien. Dort wirkte bereits ein weiterer Mariadorfer, unser verehrter Pater Fritz Siegers. Die Sprache war für meinen Bruder kein Problem. Das Portugiesische beherrschte er wie gewöhnlich in kürzester Zeit perfekt.

Meine Mutter, meine Schwester und ich hatten das Gefühl, dass er endlich innerlich angekommen war bei dem, was er machen wollte. Zumal er in Mariadorf in einem Gottesdienst eine begeisternde Predigt gehalten hatte und auch von einem „Probebesuch“ in Brasilien scheinbar voller Enthusiasmus zurückgekehrt war.

Auch seine neuen Vorsätze bekamen wir hautnah mit: Er kaufte sich neue Kleidung für Brasilien und wollte seinen ungesunden Lebensstil, vor allem Kaffee und starke Zigaretten, ändern. All das sowie auch sein Vorhaben erfüllten uns mit großer Freude. „Endlich angekommen“, seufzten wir alle immer wieder, auch wenn uns der erwartete Abschied Kummer bereitete. Nur dass dieser Abschied einer für immer sein sollte, damit hatte niemand gerechnet …

Was ich zu diesem Zeitpunkt auch nicht wusste und auch nicht erahnte, obwohl es einige Zeichen und Hinweise gegeben hätte, war, dass mein Bruder homosexuell war.

Zwar hatte er einige Beziehungen zu Frauen gehabt, doch seine Neigung galt offenbar dem männlichen Geschlecht. Heute stellt das (fast) kein Problem mehr dar. Damals – Anfang der 80er-Jahre – war es immer noch fast ein Verbrechen, homosexuell zu sein.

Erst später erfuhr ich davon, wie er versucht hatte, gegen diese Neigung anzukämpfen und sich ihr zu entziehen. Nicht zuletzt durch eine „Flucht“ in das zölibatäre Priesteramt, was ihm aber letztlich nicht gelang.

Hinzu kam für ihn das Schicksal einer enttäuschten und nicht erwiderten Liebe. Er hatte sich nämlich in einen jungen Mann verliebt, der zwar von meinem Bruder als Mensch hingerissen war und diese Freundschaft sehr schätzte, aber dessen Neigung nicht teilte.

Es war der Abend des 21. Juni 1982, in Spanien fand in diesem Sommer die Fußballweltmeisterschaft statt, als mein Bruder, der Bruder seines verehrten Freundes und ich in einer Mariadorfer Kneipe noch etwas tranken und uns fröhlich, ja geradezu albern, unterhielten.

Mein Bruder brachte mich gegen 22:30 Uhr nach Hause, da ich die Fußballberichte im Fernsehen gucken wollte und verabschiedete sich …

Wir haben uns nie mehr gesehen.

Anschließend brachte mein Bruder den Bruder seines Freundes nach Hause und unternahm wohl einen letzten Versuch, den geliebten Freund für sich zu gewinnen. Vergeblich! Daraufhin fuhr mein Bruder in seine Wohnung zurück, in den benachbarten holländischen Ort Kerkrade.

Meine Mutter, meine Schwester und ich wunderten uns erst nach einigen Tagen, dass mein Bruder sich noch nicht wieder bei uns gemeldet hatte. Das war zwar nichts Ungewöhnliches, da er ja als rastlos Reisender bekannt war, doch damals – in einer Zeit ohne Handy – meldete er sich dann wenigstens nach ein paar Tagen per Telefon oder Postkarte. Dieses Mal jedoch blieb beides aus, und das versetzte vor allem meine Mutter in zunehmende Unruhe, zumal sie etwas zu fühlen und zu ahnen schien, was nicht sein durfte.

Für Sonntag, den 27. Juni hatte mein Bruder sich mit einem guten Freund zum Pfarrfest in Mariadorf verabredet. Meine Mutter wollte noch diese Verabredung abwarten, da überraschendes Erscheinen wie Nichterscheinen für meinen Bruder durchaus typisch waren.

Gegen Mittag, es war 12:30 Uhr, klingelte bei uns das Telefon. Wir hofften, dass es mein Bruder sei. Es war aber der Freund, der sich wunderte, dass mein Bruder nicht erschienen war.

Wir jagten zu dritt mit dem Auto nach Holland mit einem Gefühl, das man nicht beschreiben kann und kontaktierten den Vermieter. Vor Ort stieg dieser in die Wohnung meines Bruders ein, er fand dort die schon entstellte Leiche und teilte umgehend meiner Mutter das Unfassbare mit.

Nie werde ich diesen Schmerz und das verzweifelte Weinen, ja Schreien meiner Mutter und meiner Schwester vergessen und meine eigene Hoffnungslosigkeit, die in dem Satz gipfelte: „Was soll denn nun werden?“

Mein Bruder hatte sich eine Woche zuvor, gleich nach der Rückfahrt mit Tabletten und Alkohol das Leben genommen. Auch hatte er einen Abschiedsbrief hinterlassen, den ich jedoch nie zu Gesicht bekommen habe. Wie meine Mutter berichtete, habe er sich darin von unserer Welt abgewandt und den Wunsch geäußert, in Holland begraben zu werden. Ein Wunsch, dem wir nicht entsprachen. Ein Fehler?

Wir beschlossen, meinen Bruder nicht in Holland, sondern nicht weit entfernt vom Grab meines Vaters in Mariadorf zu bestatten. Ohne rechte Besinnung organisierten wir wie in Trance alles Weitere.

Es war eine große Trauerfeier voller Anteilnahme, die mir jedoch nur schemenhaft in Erinnerung geblieben ist, weil der Schmerz unsagbar groß war.

In der Folgezeit besuchten uns viele Freunde und Weggefährten meines Bruders. Bei einem dieser Gespräche, nämlich mit dem Bruder seiner letzten großen Liebe, der mit mir den letzten Abend mit meinem Bruder verbracht hatte, sagte meine Mutter: „Hubert hat nur eine Frau geliebt und das war ich!“

Der Satz stand plötzlich einfach so im Raum. Was sollte er bedeuten? Bei mir änderte sich jedenfalls die ganze Sicht auf meinen Bruder. Nur was genau wollte mir meine Mutter damit sagen?

Ich sprach sie einige Tage später bei einer Wanderung durch die Eifel auf diesen Satz an. Vorher hatte ich den Mut nicht aufgebracht. Sie wollte zunächst ausweichen, gab dann aber meinem Drängen nach.

Um das vorwegzusagen: Die Homosexualität meines Bruders hat vom ersten Moment an meine Liebe zu ihm nicht in geringster Weise beeinflusst. Auch damals nicht, als Homosexualität noch weithin verpönt war und totgeschwiegen wurde. Mich beschäftigte und beschäftigt eher der Gedanke, was man hätte tun können, wie man ihm hätte helfen können, um den Suizid zu verhindern. Die Vorstellung von seiner Verzweiflung zerreißt mir noch heute das Herz.

Wie oft hat man in der Vergangenheit gesehen, wie schmerzhaft und schwierig für viele Homosexuelle ihr Outing war. Vor allem in den 80er- und 90er-Jahren, teilweise war es damals sogar erzwungen, wie bei Alfred Biolek durch Rosa von Praunheim. Selbst heute ist ein Coming-out nach wie vor ein großer Schritt, der für Aufmerksamkeit sorgt, doch zumindest gesellschaftlich hat sich vieles zu früher verändert. Ich frage mich daher: Wie unsagbar einfacher im Vergleich zu damals wäre heute das Leben meines Bruders? Heute wäre er erst 67 Jahre alt, könnte also vielleicht noch 15 oder gar 20 Jahre leben.

*

Der Tod meines Bruders bleibt bis heute der härteste Schicksalsschlag meines Lebens, weil er einen so jungen 28-jährigen Menschen traf und so ausweglos blieb.

Doch gerade bei Schicksalsschlägen setzt der Glaube an. Wenn es kein Leben nach dem Tod, keinen Gott gäbe und Jesus Christus umsonst gestorben wäre, erschiene dieser Tod wie der von Millionen anderen als völlig sinnlos, außer dass er auf rein materiell-physische Weise das Leben beenden würde.

Es mag für Menschen, die nicht glauben können oder wollen, schwer oder gar nicht zu verstehen sein, aber genau in diesem Moment, am absoluten Tiefpunkt, schöpfte ich allein aus dem Glauben wirkliche Kraft, und mir kam zum ersten Mal der Gedanke, dass Gott meinen Bruder uns zwar weggenommen, ihn aber erlöst hatte.

Die Jahre in meiner Schule und meiner Pfarre hatten mich im Glauben da sehr gut gerüstet und gefestigt, und dieses Rüstzeug war mir nicht nur bei dieser Herausforderung eine Hilfe.

So habe ich in dieser Zeit nicht einfach nur zu Gott gebetet, sondern auch viel mit ihm gesprochen, wohl auch gehadert: Warum muss das sein, warum muss ein so lieber und geliebter Mensch gehen?

Das Gespräch mit Gott, das Leben mit ihm zu diskutieren, ist mir wichtig geworden. Ich bete auch heute in guten wie in schlechten Zeiten, vor allem für Gesundheit, nach großen Erfolgen und in besonders schwierigen, scheinbar ausweglosen Situationen. Ich habe bislang von Gott, Jesus Christus und Maria immer Kraft und Stütze erhalten, gerade wenn es besonders ausweglos schien.

Natürlich ist Gott keine überirdische Ausgabe von Amazon, bei der man heute etwas bestellt und es morgen bekommt. Manchmal sehen wir Dinge und Ereignisse erst nach Jahren in ihrem Zusammenhang und ihrer Sinnhaftigkeit.

Gerade in der schweren Zeit unmittelbar nach dem Tod meines Bruders habe ich eher geweint als gelacht, vor allem dann, wenn ich aus der Schule nach Hause kam und meine weinende Mutter vorfand, was mir immer das Herz zerbrach. Natürlich war ihr Schmerz um ein Vielfaches größer. Sie konnte allein aus den Glaubensgedanken keine rechte Kraft holen. Sie nahm bisweilen, wenn es gar nicht mehr ging, eine geringe Dosis Beruhigungstabletten, blieb aber sonst eisern, diszipliniert und standhaft.

Es dauerte bei ihr auch Monate, bis ich sie wieder herzhaft lachen hörte, wenn sie auch ihre alte Fröhlichkeit nie mehr zurückbekam. Von daher war es für mich immer besonders schön, wenn ich später meine Mutter in meinen Programmen lachen hörte, zumal sie meine ersten Fernsehaufzeichnungen noch live als Gast mitbekam. Man kann sagen:

Wir verloren trotz der beiden Verluste weder unseren Glauben noch unseren Humor, den schließlich auch mein Bruder und mein Vater besessen hatten.

Mit der Zeit fanden wir auch langsam wieder in den Alltag zurück. Doch alles, meine schulischen Erfolge und das Abitur, blieb vom Tod meines Bruders überschattet. Denn selbst meine Entscheidung, in Bonn, wo ja auch er studiert hatte, Latein, Griechisch und Geschichte zu studieren, hatte er ja noch maßgeblich mit beeinflusst. Er hatte mir sogar schon wertvolle, antiquarische Wörterbücher geschenkt, die ich Jahre später benutzen konnte und mich nebst Studienort stets an ihn denken ließen.

8. Missionar, Seelsorger und ganz Mensch

Es gibt Menschen, denen man im Leben mehrmals und in den verschiedensten Situationen immer wieder begegnet und die einen immer mal wieder begleiten, obwohl sie oft weit entfernt von einem sind.

Das gilt in unserem Falle für den bereits erwähnten Pater Fritz Siegers, dem Missionar und Priester des ebenso bereits erwähnten Spiritanerordens, der viele Jahre in Brasilien, im Amazonasgebiet bei Cruzeiro do Sul wirkte und anschließend hier in unserer Heimat aktiv war. Wie wir Beckers-Geschwister war er das Kind eines Bergmanns, wurde inspiriert durch die Patres am Kloster Broich, also am Heilig-Geist-Gymnasium, und war zeit seines Lebens der Inbegriff des einfachen Priesters und Seelsorgers. Er lebte und verkündete das, was er glaubte, und war ein Mensch unter Menschen.

Ihm war mein Bruder kurz vor seinem Aufenthalt in Brasilien begegnet. Doch selbst diese herzliche Begegnung hatte dem Leben meines Bruders keine dauerhaft positive Wendung mehr geben können.

Pater Siegers war 1960 nach Brasilien gegangen. Er hatte in Cruzeiro do Sul in der Provinz Acre wahre Pionierarbeit geleistet – und zwar sowohl beim Aufbau einer Kirche als auch bei der Einrichtung von Kindergärten und Schulen und den vielfältigsten seelsorgerischen Aufgaben, die mit bescheidensten Mitteln und im Kontext von Not und Elend geleistet werden mussten.

Zum ersten Mal persönlich erlebte ich Pater Siegers 1971, als er zu einem Heimatbesuch nach Mariadorf kam. Allein die viel kolportierte Tatsache, dass er mitten im Urwald, im Dschungel, lebte, machte aus ihm einen Abenteurer für uns. Er war wie eine Mischung aus Daktari, Pater Brown und Tarzan. Was sogar noch dadurch verstärkt wurde, dass Fritz Siegers aus dem Urwald Schlangen- und Krokodilhäute und andere exotische Sachen mitbrachte, die in einem Schaufenster in Mariadorf ausgestellt wurden. Ich stand fasziniert davor und werde den Anblick nie vergessen.

Als er uns später einmal zu Hause besuchte, waren unsere beiden Kinder von seinen Geschichten und Bildern und einer mitgebrachten DVD über seine Arbeit im Dschungel genauso fasziniert wie ich früher als Kind.

Natürlich erzählte Pater Siegers auch stets in seinen Predigten von seinem Leben und seinen Abenteuern am Amazonas, von der unglaublichen Armut wie auch von der grenzenlosen Gläubigkeit und Lebensfreude der Menschen dort, während wir doch inzwischen im Überfluss lebten und immer unzufriedener würden. Von den 70ern an bis heute sind seine Worte mit den Jahren leider immer wahrer und zutreffender geworden. Vor Kurzem erst las ich diesbezüglich in unserer Tageszeitung die Antwort einer 100-jährigen Dame, die nach dem Rezept für ein glückliches Leben befragt wurde. Sie sagte: „Man muss vielmehr mit dem zufrieden sein, was man hat und nicht immer nach dem streben, was man gar nicht braucht."

Pater Siegers' Predigten waren von großer Schlichtheit wie Klarheit und wohl gerade deswegen so überzeugend. Man nahm ihm einfach ab, wenn er sagte, dass er jeden Tag *mit* und nicht nur *zu* Jesus spreche, der doch unser aller Bruder sei.

Dabei hatte doch gerade auch Pater Sieger mehrfach Grund gehabt, zu zweifeln und zu hadern. Im Laufe seiner 36 Missionsjahre war er nämlich mehrfach schwer krank gewesen. Unter anderem hatte er Malaria und andere schlimme Tropenkrankheiten erlitten und kam nahezu vom Tod gezeichnet in seine Heimat, um sich zu erholen. Seine Familie und Freunde baten ihn, ja flehten ihn sogar an, doch in seiner Heimat zu bleiben, er könne ja auch hier Gott dienen. Doch er kehrte immer wieder zurück, obwohl er, so bekannte er, einmal zu Jesus verzweifelt gefleht hatte: „Warum machst du mich so krank? Ich bin doch für *dich* hier, um *deine* Botschaft zu verkünden."

Deswegen setzte er sein Werk weiter fort – bis zu jenem Zeitpunkt, als er das Gefühl hatte, in die Heimat zurückkehren zu müssen und hier besser helfen zu können. Das war 1998.

*

Pater Siegers war übrigens kein durchweg ernster und trauriger Mensch, er verkörperte die „rheinische Lebensart rheinischer Prägung", wenn es so etwas gibt. Er hatte auch als Pater Mutterwitz, er besaß keine Adenauer'sche Schlitzohrigkeit, sondern eher die solide Bauernschläue, aber auch -festigkeit, die seine Wurzeln im Bergischen Land offenbarten.

Jahrzehntelang war er ein starker Raucher, der schwarzen brasilianischen Tabak bevorzugte, der allerdings seinen Freunden bei Besuchen „die Schuhe auszog". Siegers bemerkte dazu lakonisch: „Wenn es in Rom gut ist, steigt weißer Rauch auf, bei mir schwarzer!"

Passend dazu trank er sehr starken schwarzen Kaffee, um seine „schwarze“ Gesinnung deutlich zu machen.

Mit Vergnügen erzählte er, dass er in Brasilien ja nicht nur Seelsorger, sondern auch Arzt, Lehrer, ja Dozent sein musste. Er erzählte uns dann, als er seiner erstaunten Mutter einmal davon erzählt habe, habe sie geantwortet: „Ich wusste ja nit, dat du so schlau bist Fritz!“

Und bei seinen Besuchen in Mariadorf staunte Fritz Siegers nicht schlecht darüber, dass es bereits nach der Frühmesse um 8 Uhr und vor der Kindermesse um halb zehn einen Cognac gab. „Zur geistlichen Erbauung“, wie der Pastor schmunzelnd mitteilte. Darauf erwiderte Siegers ebenfalls mit einem Schmunzeln: „Ich weiß ja, dass wir die Frohe Botschaft verkünden sollen, aber so froh hätte ich sie mir nicht vorgestellt!“

Uns beide verband insbesondere die Liebe zu unserem Heimatort Mariadorf, zu dessen Dialekt, den wir immer sprachen, wenn wir uns sahen, und die Liebe zu den Menschen, die eine harte Schale, aber einen weichen Kern hatten.

In seinen letzten Jahren versah er stets seinen Dienst in meiner neuen Heimatgemeinde Alsdorf-Ofden, und wir nutzten die Zeit nach dem Gottesdienst oft für einen Plausch, später, in meiner Ehekrise, aber auch zur handfesten Lebensberatung.

*

An Pfingsten 2020 hätte er sein 60-jähriges Priesterjubiläum feiern können, auf das er sich schon lange gefreut und zu dem er viele bereits eingeladen hatte. Doch Gott wollte es anders: Die Feiern fielen aufgrund der Coronapandemie aus und wenig später starb Fritz Siegers überraschend an einem Herzleiden. Es war ein plötzlicher und bitterer Verlust und statt seines Jubiläums feierten wir nun in zwei Messen, im Kloster und in seiner Gemeinde, seine Beerdigung.

Wir alle befanden, dass es sehr traurig war, dass er nach einem so langen und aufopferungsvollen Schaffen das Priesterjubiläum nicht mehr hatte feiern können.

Ich las dann seine beiden Bücher jeden Abend vor dem Einschlafen und kam dabei zu einem anderen Schluss, auch für mich: Fritz Siegers hatte immer das zu tun versucht, was der Tag und damit Gott von ihm wollte …

Und ich fragte mich: Wie oft erleben wir, wie kurz unsere Planungen im Leben greifen, die wir doch mit solcher Inbrunst betreiben? – Könnte es dann nicht sein, dass Gott vielleicht etwas ganz anderes mit uns vorhat und wir reagieren erstaunt (oder in anderer Weise) darüber, dass unsere Pläne nicht greifen?

Vielleicht sollte Fritz ja sein Diamantenes Priesterjubiläum nicht mehr mit uns, sondern seinem Herrn und Gott, seinen Eltern und Geschwistern feiern? Wer weiß das schon? Vielleicht sollte er fröhlicher und prächtiger feiern, als wir es uns überhaupt hätten vorstellen können … Die Antwort darauf weiß allein Gott.

Als alter Weggefährte durfte ich in seiner Beerdigungsmesse einige Worte sprechen. Ich versuchte so schlicht, aber zugleich so herzlich wie er selbst zu sein. Am Schluss der Ansprache blickte ich dann hinauf zum Himmel und sprach ihn direkt an: „Fritz, mach et joot (mach‘ es gut)! ‚Danke‘ für alles!“

Bezeichnenderweise klatschten die Messbesucher nach diesen Worten – weil sie sich weiterhin mit Fritz verbunden fühlten und ihm danken wollten.

Das war übrigens nicht meine einzige Trauerrede, die ich bislang gehalten habe. Wenn man sich als Redner nicht ganz auf den Karneval beschränken will, kommt man an Beerdigungsreden nicht vorbei. Selbst bei einer solchen Tätigkeit als Redner gehören das Lachen und Weinen dazu.

So habe ich einmal bei der Beerdigung der Mutter meines Hausarztes und guten Freundes die Trauerrede übernommen und Pater Siegers hat die Messe zelebriert. Wir waren beide betroffen und berührt vom relativ frühen Krebstod der Frau und ließen uns unsere Stimmung auch in Tränen am Altar anmerken. Nur Tränen wirken authentisch – sowohl beim Lachen als auch beim Weinen.

In meinen Trauerreden habe ich immer versucht, den Toten menschlich möglichst nahe zu kommen. Für einen Freund aus dem Karnevalsverein, der eine sehr schwere Kindheit hatte, später dann an manischen Depressionen erkrankte, habe ich sogar eine Art Trauermesse gefeiert. Dieser Freund war übrigens die meiste Zeit seines Lebens ein extrem lustiger Zeitgenosse gewesen, ehe diese Krankheit ihn niederstreckte, und so wählte ich am Schluss meiner Ansprache einen seiner Witze, um ihm gerecht zu werden und uns ein Schmunzeln zu entlocken. Ich sagte: „Wenn Männ sich jetzt bei Petrus vorstellen muss, wird er das so tun, wie wir es unzählige Male erlebt haben: ‚Mein Name ist Lampertheim, mit ck, wie Banane!'" – Auch in diesem Moment waren das Lachen und Weinen wieder ganz nah beieinander.

9. Stilles Gebet zwischen lauter Leuten

Nicht immer zieht es mich zum Beten in den Gottesdienst, obwohl ich diesen regelmäßig besuche und gerade aus dem Gemeinschaftserlebnis mit den anderen Gläubigen – in der Gegenwart Gottes in Brot und Wein – Kraft und Zuversicht finde.

Oft aber wähle ich auch eine andere Form der Gottesbegegnung. Ich ziehe mich dann zu einem nahe gelegenen Marienheiligtum zurück, oft verbunden mit einem Spaziergang, einer Joggingrunde oder einer Fahrradtour, zumal diese Kapelle sich in sehr schöner Umgebung in der Nähe eines kleinen Schlosses befindet.

Hier zünde ich eine Kerze an, spende etwas Geld und knie nieder, um mit Maria, Jesus und damit Gott in einen stillen, inneren Dialog zu treten. Das passiert des Öfteren bei mir mitten im Alltag. Für mich ist es eine Form, in der ich ganz einfach für meine Familie, für unsere Gesundheit und für unsere Mitmenschen danke oder für Menschen bete, die krank, arm oder auch sonst in Not sind. Ich bete hier auch immer für alle Menschen, die nicht glauben können und frage mich dann, woher sie in verzweifelten Situationen ihre Kraft nehmen.

An dieser Kapelle bete ich auch vor sowie nach wichtigen Fernsehauftritten und Abschnitten meiner Karriere. Vorher mit schlotternden Knien und voller Lampenfieber, nachher glücklich über und dankbar für den Erfolg.

Ich brauche dieses stille Gebet – ganz allein – vor allem nach anstrengenden Wochenenden, an denen ich oft Hunderten von Zuschauern begegnet bin und ständig unter Menschen war, um wieder zur Ruhe und zu mir selbst zurückzufinden. Dies gilt besonders für die Karnevalssession, in der man oft an einem Tag bis zu zehn oder mehr Auftritte absolvieren muss. Das geht von Aachen bis ins Sauerland und von Münster bis nach Koblenz runter, gegessen wird kurz an den Buffets in den Sälen, ein Mettbrötchen auf die Hand, zehn bis zwölf Stunden am Tag.

Mein Sonntag in der Session beginnt dann beispielsweise um 11:11 Uhr, und zwar nicht mit einem Gottesdienst oder Hochamt, sondern mit einer Herrensitzung, in der Männer, die schon „vorgeglüht" haben, keineswegs nur frommen und sauberen Witzen frönen und der Ton mit zunehmendem Alkoholgehalt immer lauter und rauer wird. Dem schließen sich dann, über den Tag verteilt, mehrere

Damen-, Prunk- und Pfarrsitzungen an. Der Sonntag endet zumeist mit einer großen Sitzung in der Kölner Messe, dem Gürzenich oder dem Maritim. Und bei jeder Sitzung trifft man auf eine andere Kapelle, die unablässig den berühmt-berüchtigten Tusch „Tata! Tata! Tata!" intoniert. Zum Schluss folgt dem Ganzen an der Theke ein wohlverdientes Kölsch, das zugleich auch das Auftrittswochenende beschließt, denn montags habe ich dann frei.

Oft fahre ich dann aber von Köln nicht sofort nach Hause, sondern setze erst meinen Fahrer ab und begebe mich anschließend – ganz allein – im Dunkeln zu jener Marienkapelle, die dann aber beleuchtet und manchmal zu dieser Jahreszeit ja in Schnee eingehüllt ist. Ein besonders idyllisches Bild!

Die Stille dort – nach einem so lauten Wochenende – ist förmlich körperlich zu spüren. Sie ist wie ein warmes Bad, aber vor allem eine seelische Erbauung und zugleich der Dank für die (Nerven-)Kraft und den Erfolg in einer gläubig-erschöpften Mischung aus „Dank sei Gott!" und „Gott sei Dank!"

*

Neben dieser stillen Einkehr gibt es aber auch eine ganz weltliche Sache, die mich abschalten lässt:

Krimis und Kommissare. Diese Verbindung reicht bis in meine Kindheit zurück. Denn als mein Vater gerade tot war, ließ meine Mutter mich bisweilen (aber längst nicht immer) an der langen Leine laufen. Ich durfte etwas länger aufbleiben, vor allem in den Sommerferien des Jahres 1973, in denen häufig meine Patentante bei uns übernachtete, und einige Fernsehsendungen ansehen, die bis dahin tabu für mich gewesen waren, namentlich Krimis, noch namentlicher „Der Kommissar".

Heute sieht man diese alten Krimi-Folgen, die noch manchmal als Klassiker in Einzelfolgen ausgestrahlt werden, eher amüsiert an, zumal in ihnen, auch oder gerade während der Ermittlungen geraucht und Alkohol getrunken wird.

Damals faszinierte mich die ruhige und gelassene, bisweilen humorvolle Art Erik Odes, der auch in Kleidung und Habitus etwas von meinem gerade verstorbenen Vater hatte, beispielsweise den Hut, die unverzichtbare Zigarette und einen Trenchcoat (Sommermonate) oder einen Tweetmantel (Herbst- und Wintermonate). Dass seine Umgangsformen stark patriarchalisch waren, wusste ich damals noch nicht, hätte es aber, wie die meisten der älteren Zeitgenossen gar nicht gemerkt.

Um ihn herum war ein cooles Ermittlerteam mit Fritz Wepper als Harry Klein, der später zu „Derrick“ wechseln sollte, was ich für einen Verrat hielt, Reinhard Glemnitz mit einem unverkennbaren Toupet als Robert Heines, ein wenig steif, aber des Kommissars rechte Hand und Günter Schramm als Walter Grabert, der mit seiner Pfeife ein bisschen den zeitgemäßen Gentleman verkörperte. Pfeife rauchen war damals der Vornehmheit höchste Stufe – siehe Blacky Fuchsberger, Helmut Schmidt, Herbert Wehner und andere. Ganz getreu dem Motto: „Drei Dinge braucht der Mann: Feuer, Pfeife, Stanwell!“

Anfangs war noch Helga (derselbe Name wie in den Aufklärungsfilmen von Oswalt Kolle) dabei. Eine junge, natürlich blonde Frau, die ein wenig als „Püppchen“ oder – zeitgemäßer mit Uschi Glas ausgedrückt – als „Schätzchen“ fungierte.

Mutter der Kompanie war „Rehbein“ (Welch ein Name!), die Sekretärin des Kommissars, die schlechten Kaffee kochte, Würstchen im Tauchsieder warm machte und ständig Cognac bereithielt – sei es für die gestressten beziehungsweise auch mal ratlosen Ermittler oder verzweifelte Zeugen.

Die Ehefrau des Kommissars, verkörpert von Rosemarie Fendel, tauchte nur in einigen Fällen auf, wurde dann aber nach alter Väter Sitte patriarchalisch zurechtgewiesen oder als Liebchen behandelt.

Das alles fiel mir als Kind damals nicht auf, ich verfolgte gebannt die Fälle, in denen die gesamte deutsche Schauspielerelite auftrat, einschließlich der Weltstars Curd Jürgens, Lilli Palmer, Maria Schell, Hotte Buchholz und Heidi Brühl. Ich freute mich immer, wenn ich einen erkannte, rief dann den Namen laut und fühlte mich wie einer der Anwesenden, wenn der Kommissar am Schluss alle Verdächtigen zusammenrief und – wie das Kaninchen aus dem Hut – den Täter hervorzauberte.

Diese Faszination ist mir übrigens bis heute geblieben, ich habe jede der 97 Folgen wahrscheinlich schon 97-mal gesehen. Heute, muss ich zugeben, bin ich wohl eher fasziniert von den Autos, der Kleidung und den Gewohnheiten der damaligen Zeit, die damit aber immer auch eine Reise in meine Kindheit darstellen.

Krimis, vor allem den deutschen, bin ich über all die Jahrzehnte treu geblieben, obwohl für mich weder „Derrick" noch „Der Alte" ganz an den Kommissar heranreichten. Doch auch sie habe ich alle gesehen und besitze viele auf DVDs. Das gilt natürlich auch für die „Tatort"-Reihe. Hier ist mein absoluter Favorit Kommissar Haferkamp, verkörpert von Hans-Jörg Felmy, denn er hat mit mir eine ganz besondere Gemeinsamkeit: Er liebt Frikadellen oder wie er sagt: „Buletten."

Geliebt habe ich auch den Wiener Marek (Fritz Eckhardt) und den Münchner Veigel (Gustl Bayerhammer) in ihrer urigen und etwas rustikalen Art.

Natürlich verschlinge ich auch die Münster-Tatorte mit ihrem unverwechselbaren Ermittlerduo Thiel und Boerne, wo Komik und Kriminalistik eine unverwechselbare Mischung eingehen, aber auch, sozusagen als Kontrapunkt, Kommissarin Lena Odenthal, verkörpert von Ulrike Folkerts, die mich in der ihr eigenen Auftrittsweise besonders an meine Frau erinnert.

Doch all diese Krimis haben eins gemeinsam: Sie entführen (um im kriminalistischen Bild zu bleiben) mich aus dem Alltag in eine andere Welt, die uns von unseren eigenen Sorgen, Nöten und Zwängen ablenkt. Und das obwohl es sich ja bei einem Krimi keineswegs um erfreuliche Dinge handelt. Aber mir geht es da wie Konrad Adenauer, der nach einem anstrengenden Amtstag bei einem Krimi und Schubert-Liedern abschaltete und einst unnachahmlich bemerkte: „Agatha Christie entspannt mich."

10. Prüfungsangst und Glaubensgewissheit

Nach dem erfolgreichen Abitur hatte ich mir das Studium als Durchmarsch vorgestellt, wo ich nur noch meine Lieblingsfächer Latein, Griechisch und Geschichte vertiefen musste. Doch da hatte ich mich schwer geschnitten. Nun erfuhr ich, was der griechische Komödiendichter Menander (341–290 v. Chr.) mit dem Satz meinte: „Wer nicht geschunden wird, wird nicht erzogen."

Viele, nicht nur mein Bruder, hatten mir zu Bonn als Studienort geraten. Bonn war zwar Bundeshauptstadt und wirkte damit etwas aufgebläht, doch sie blieb stets eine liebenswerte rheinische Stadt mit leicht mediterranem Flair. Allerdings fiel mir der Abschied von zu Hause, vom Heilig-Geist-Gymnasium und Mariadorf viel schwerer als erwartet – und das, obwohl drei Mitschüler mit denselben Fächern mit mir zusammen nach Bonn gegangen waren.

Um es kurz zu machen: Die Universität und vor allem die Professoren waren, von Ausnahmen abgesehen, nicht meine Welt: zu dröge, zu verkopft, zu versponnen. Ich bewunderte ihre Gelehrtheit, bedauerte aber ihre Weltfremdheit, die sie durch Arroganz und absoluten Anspruch auszugleichen versuchten.

Statt eines Durchmarschs gab es das, was ich in meinem Leben häufiger erlebt hatte und noch häufiger erleben sollte: einen zähen Kampf. Fast hätte mir das Ganze in der Examenszeit die Freude an Latein und Griechisch genommen …

Es war das Studienjahr 1989/90, als ich mich für das Zweite Staatsexamen anmeldete. Und das war auch gut so, denn in dieser Zeit wollte ich weg von Bonn und zurück in meine Heimat und auch endlich in die Schule, erst als Referendar und dann als Lehrer.

Meine Vorbereitungen auf das Examen verliefen gut. Das gesamte Frühjahr und den Sommer verbrachte ich mit Pauken für die Prüfungen, die ab September beginnen sollten. Ich war froher Hoffnung, das mir selbst gesteckte Ziel, eine 2 in der Endnote, zu erreichen.

Eines schönen Tages besuchte ich dann zur Ablenkung vom ganzen Lernen und zur innerlichen Zerstreuung mit meinen Freunden das Bundesligaspiel zwischen Borussia Dortmund und Arminia Bielefeld. Dass dieser schöne Tag aber einer der letzten schönen Tage sein sollte, an dem ich mich bis zum Dezember 1990, also eineinhalb Jahre, ganz gesund fühlen sollte, ahnte ich anfangs noch nicht.

Denn einige Tage später bekam ich zu Hause aus heiterem Himmel einen Hyperventilationsanfall, verbunden mit einer Panikattacke. Ich suchte meinen Hausarzt auf, der mich sogleich untersuchte. Die Diagnose: Prüfungsangst! Heute würde man vielleicht eine Vorstufe von Burn-out, also eine Erschöpfungsdepression, diagnostizieren. Und ich stand damals ja erst am Anfang meiner Prüfungen …

Was ich beim Arztbesuch nicht wusste: Ich sollte noch mehrere Hyperventilationsanfälle bekommen und eine innere Unruhe spüren, wie ich sie bis dahin nie kennengelernt hatte. Diese zwang mich auch dazu, Psychopharmaka zu nehmen, und das mitten in der Prüfungsphase! Hinzu kam noch eine belastende Auseinandersetzung in der Familie um meine Nichte, die beinahe in einen Krieg mündete und uns alle an den Rand unserer Nerven brachte. Heute denke ich mir: Wir hätten besser alle miteinander geredet.

Ich hangelte mich also mit Pillen von Prüfung zu Prüfung. Dazwischen erlebte ich immer wieder Ängste und Krankheitsschübe, die mich plagten, und ich fühlte mich dem normalen Leben so gut wie entzogen.

So kam es auch, dass ich den Tag, an dem bei uns in Deutschland die Mauer fiel, jenen 9. November 1989, mehr schemenhaft als bewusst erlebte. Und das ausgerechnet als angehender Geschichtslehrer. Unter normalen Umständen wäre ich vielleicht sogar spontan nach Berlin gefahren. Ich freute mich zwar über das Ereignis, war aber in meiner eigenen Situation einfach gefangen.

Im Dezember wurde die Situation sogar so schlimm, dass ich gezwungen war, mein Studentenzimmer zu verlassen und von zu Hause aus zu lernen, was natürlich eine erhebliche Belastung für meine Mutter darstellte, die mich aber mit allen Kräften unterstützte.

Irgendwann konnte ich einfach nicht mehr. Im Mai 1990, nach der mündlichen Prüfung in Griechisch, war ich am Ende meiner Kräfte und benötigte eine längere Pause. Zwar hatte ich während der ganzen Monate mit mehreren Krankheiten und häufigen Angstzuständen mehr verzweifelt als hoffnungsfroh gebetet, aber nun, am absoluten Tiefpunkt, schienen meine Gebete erhört zu werden.

Um die Prüfung zu verschieben, benötigte ich unbedingt ein ärztliches Attest. Leider war mein Hausarzt zu diesem Zeitpunkt im Urlaub. Was sollte ich nun tun? Kurzerhand suchte ich einen Notarzt auf: Dr. Wilhelm Flossdorf. Ihn kannte ich nur dem Namen nach und vom Sehen. Als ich in den Abendstunden seine von Notfällen überfüllte Praxis betrat, fragte er mich leicht gestresst:

„Was ist mit Ihnen?"

Ich antwortete: „Ich stehe unmittelbar vor der Staatsexamensprüfung …"

„Und jetzt haben Sie eine Erkältung", fiel er mir ins Wort.

„Nein", sagte ich, „nervöse Erschöpfung."

Nach dieser Aussage bat er mich sofort in sein Wartezimmer und führte mit mir ein so einfühlsames und verständnisvolles Gespräch, wie ich es in der gesamten Prüfungszeit nicht erlebt hatte. Er fragte mich: „Sind Sie gläubig?" Als ich diese Frage bejahte, führte er mit mir ein Gespräch wie ein Seelsorger und ich ging getröstet und gestärkt, mit Tränen in den Augen, von ihm weg. Als ich tags darauf das Attest erhielt, musste ich wieder weinen. Ich hatte nun endlich Zeit, mich um mich zu kümmern, mich zu erholen und die mündliche Prüfung in Latein im Dezember 1990 anzugehen.

*

Dr. Flossdorff half mir damals und hilft bis heute in dieser Weise selbstlos und aufopferungsvoll vielen Menschen. Einfühlsam betreut er auch als Palliativmediziner viele Sterbende. Bei ihm habe ich immer irgendwie das Gefühl, Gott ganz nahe zu sein. Er ist ein wirklicher Hausarzt und Seelsorger mit einer besonderen Note. Und Note ist hierbei genau das richtige Wort, denn er spielt auch leidenschaftlich Gitarre und zieht damit seit Jahren durch Altenheime und begeistert die alten Menschen, die einer Aufheiterung so dringend bedürfen.

Aufgrund dieser musikalischen wie ehrenamtlichen Leidenschaft kreuzten sich im Frühjahr 2020 unsere Wege erneut. Denn als Corona den ersten Lockdown herbeiführte und die Senioren in den Heimen förmlich gefangen waren und keinen Besuch empfangen durften, fragte mich Dr. Flossdorf, ob ich bereit sei, mit ihm und seinem Freund Bertel Mennicken vor Altenheimen aufzutreten und mit Schlagern, Witzen und Anekdoten die alten Menschen etwas aufzuheitern. Ich stimmte begeistert zu und so gründeten wir das „Trio Corona“, mit dem wir dann eine wahre Auftrittslawine auslösten und durch die Städteregion Aachen zogen.

Es war ein unbeschreibliches Gefühl, die Dankbarkeit der alten Menschen zu spüren, aber auch die des Pflegepersonals für diese tolle und lustige Abwechslung in einer Zeit voller Not und Angst. Hier gab es für einen Moment Tränen der Freude und des Lachens, wo um viele(s) geweint wurde.

*

Am 7. Dezember 1990, dem Todestag Ciceros, schloss ich mein Staatsexamen nach vielen Stürmen und Schwierigkeiten mit der Note gut ab. Meiner Mutter fiel ein Stein vom Herzen – so wie mir – und ein paar Tage später fühlte ich mich wieder frisch und gesund.

Es war das erste Mal seit Monaten, dass ich Gott aus ganzem Herzen danken konnte und ihn nicht nur um seine Hilfe bitten musste. Doch da wusste ich noch nicht, dass er mir noch in vielen Lebensstürmen zur Seite stehen sollte.

11. Leben in der Schule und die Schule des Lebens

Meine Referendarzeit, die ich am Seminar in Düsseldorf und an Schulen in Düsseldorf und Grevenbroich verbrachte, ist mir in sehr schöner Erinnerung geblieben, vor allem die beiden Fachleiter, Herr Pesch und Herr Dr. Weeber, waren ausgezeichnete Ausbilder und wir sind einander verbunden geblieben.

Dennoch: Am Ende meines Referendariats im Dezember 1993 stand ich ohne Stelle da. Einen Lehrermangel wie heute gab es damals noch nicht. Im Gegenteil! Kräftemäßig hatte ich mich auch wieder verausgabt, da ich nach meinem Examen viele Vertretungsstunden geben musste, was mich nach dem ganzen Prüfungsstress wohl wieder überbeansprucht hatte. Die fehlende Aussicht auf eine Stelle belastete mich zudem und ich kam mir irgendwie nutzlos vor.

Ich hoffte ja auf eine Stelle an einer der beiden Spiritanerschulen, natürlich am liebsten an „meinem“ Heilig-Geist-Gymnasium. Dafür besuchte Pater Schmitz mit mir den Schulleiter Pater Walter Gilles, der noch später eine sehr wichtige Rolle in meinem Leben spielen sollte. Dieser stellte mir dann im Gespräch tatsächlich eine Stelle in Aussicht, zumal er zum Halbjahr die Leitung des HGG übernehmen sollte.

Doch es kam anders als besprochen: Pater Gilles konnte seine Zusage zum Halbjahr leider nicht einhalten, und so stand ich Mitte Januar ohne eine konkrete Aussicht auf eine Stelle da, was mich sehr belastete. Auch meine Gesundheit meldete sich wieder in Form von Angstzuständen und Depressionen, was mich nach dem großartigen Erfolg der Referendarzeit zurückwarf.

Zur gleichen Zeit war ich in meiner Heimatpfarre St. Mariae Empfängnis in Mariadorf in vielfältigen Funktionen – beispielsweise im Kirchenvorstand und als Präsident des Pfarrkarnevals – tätig. Ich hatte großen Spaß daran. Unter anderem trat ich als Büttenredner unter dem Namen „Ein Rentner aus Mariadorf" auf. Und wer hätte das gedacht: Ausgerechnet diese Tätigkeiten, die ich aus dem Glauben heraus lebte und die in der Kirche ihren Platz hatten, sollten in kürzester Zeit meine beruflichen Sorgen beseitigen.

Mir war zwar schon damals klar, dass ich nicht bis zur Pensionierung nur Lehrer sein wollte. Ich hatte auch damals schon eine Karriere im Unterhaltungsbereich ins Auge gefasst, nachdem ein kurzer Ausflug in die Politik als Kreistagsabgeordneter mir gezeigt hatte, dass dies nicht mein Metier war.

Seltsamerweise dachte ich aber nicht wirklich über eine Laufbahn im Karneval nach, obwohl ich ja schon seit Jahren als Büttenredner und Sitzungspräsident erfolgreich war.

*

Im Februar 1994 wurde dann Pater Franz Moldan, ebenfalls ein Spiritaner, neuer Pastor in Mariadorf und sein Stellvertreter wurde besagter Pater Walter Gilles, der nun auch die Leitung des Heilig-Geist-Gymnasiums übernahm. Pater Moldan setzte sich bei Pater Gilles für mich ein und Mitte März erhielt ich die Zusage des HGG für das kommende Schuljahr.

Der Heilige Geist schien sich in dieser Situation wirklich meiner anzunehmen und ich konnte mein Glück kaum fassen, zumal ich damit mein Lebensziel, Lehrer am Heilig-Geist-Gymnasium zu sein, erreichte und nach zehn Jahren an meine alte Schule zurückkehrte. Ich ahnte jedoch nicht im Geringsten, was der Heilige Geist noch alles an dieser Schule mit mir vorhatte.

*

Anfang August 1994 übernahm ich eine 9. Klasse mit 36 Schülern. Da rutschte mir ganz schön das Herz in die Hose, was ich aber natürlich nicht zeigen wollte. Zum Glück fanden wir nach einigen Tagen des Beschnupperns schnell zueinander und meine Klasse kam mit meiner Art des Unterrichtens, einer Mischung aus Kultur, Karneval und Kabarett bestens zurecht.

Besonders gefiel ihr, dass ich eigene lateinische Texte mit lustigen Themen verfasste, zum Beispiel über Osterhasen, die „Sendung mit der Maus" oder auch Figuren aus der Klasse. Diese Art des Unterrichtens traf nicht überall auf Gegenliebe. Besonders einige „klassische" Kollegen nahmen daran Anstoß. Doch ich versuchte auf diese Weise zu zeigen, dass Latein eben durchaus eine lebendige Sprache ist. Die klassischen Inhalte vermittelte ich selbstverständlich auch.

Meine Klasse und ich wuchsen immer mehr zusammen. In der Klasse befand sich eine Schülerin namens Sandra. Sie war sportlich, munter, aber eher lieb und diszipliniert und nicht gerade eine Anhängerin der lateinischen Sprache. Von Anfang an war sie mir sympathisch. Dass sie aber meine Frau und Mutter meiner Kinder werden sollte, hätte ich nicht im Entferntesten geahnt.

Rückblickend gesehen glaube ich, dass der Heilige Geist schon damals augenzwinkernd und wissend auf uns herabsah und genau wusste, was er mit uns vorhatte. Es sollte einiges sein.

Wie Recht ich allerdings damit einmal haben sollte, als ich Sandras Eltern, meine späteren Schwiegereltern, beim Elternsprechtag mit den Worten „Ich bin der Neue, ich komme jetzt öfters" begrüßte, ahnte ich Mitte der 90-er noch nicht.

1996 fuhr ich dann mit meiner Klasse auf Klassenfahrt nach Holland. Wir hatten in einer Woche genau zwei Sonnentage, den ersten und den letzten. Dazwischen goss es meist in Strömen. Wir ließen uns aber den Spaß nicht verderben, sondern lachten in einer Art Galgenhumor.

Auf dieser Klassenfahrt begegnete mir Sandra anders als sonst und verhielt sich recht auffällig, mal überfreundlich, mal launig und distanziert. Als ich eine Kollegin fragte, was dies wohl zu bedeuten hätte, sagte sie: „Das müsstest du doch selber wissen!“ Aber dass sich eine Sechzehnjährige in mich, der ich ja nicht gerade ein Womanizer war (bin), verlieben könnte, hielt ich für Unsinn.

Als ich zwei Wochen später meinen Briefkasten leerte, wurde ich eines Besseren belehrt: Sandra hatte allen Mut zusammengenommen und einen Liebesbrief verfasst. Kurz darauf trafen wir uns in meiner Wohnung zu einem Gespräch und ich teilte ihr mit, dass ein Lehrer-Schülerinnen-Verhältnis verboten sei und aus uns nichts werden könne. Ihrer gestellten Frage, ob sie mir denn nicht sympathisch sei, wich ich sehr unsicher aus.

Damit schien die Sache aus der Welt, wir gingen nett und normal miteinander um. Die Jahre plätscherten ein wenig vor sich hin, zumal ich einfach nicht die Frau fürs Leben fand. Denn meine Erfolglosigkeit bei Frauen hielt an und ich fing schon fast an zu resignieren, obschon ich auch etliche Male dafür betete, doch endlich der Richtigen zu begegnen. In der Karnevalszeit 1998 hatte es zwar einige Treffen und Begegnungen mit Frauen gegeben, woraus aber nichts Dauerhaftes wurde. Gott schien meinen Wunsch einfach nicht zu (er-)hören. Eine Berufung zum Priester spürte ich allerdings auch nicht ...

Am Karnevalsdienstag 1998 eröffnete mir mein Freund und Kollege Elmar Griemens dann plötzlich: „Ich habe eine sehr schöne Nachricht für dich", worauf ich leicht genervt und resigniert antwortete: „Wer ist es denn?" Seine Antwort haute mich vom Hocker: „Sandra!"

Ich war fassungslos, merkte aber zugleich, dass ich mich nicht mehr ganz gegen dieses Gefühl wehren konnte. Ich war mir der Schwierigkeiten und der Unmöglichkeit dieser Situation durchaus bewusst, schloss das Ganze aber nicht mehr so aus wie noch zwei Jahre zuvor, zumal Sandra jetzt nicht mehr meine Schülerin war.

„Gott tut nichts als fügen", sagt mein Freund und Kollege Willibert Pauels, der Diakon und Kabarettist, immer. Hier schien dies buchstäblich greifbar zu sein, denn einige Tage später erhielt ich eine Einladung zur Feier von Sandras 18. Geburtstag, die sie mit zwei Klassenkameraden beging. Ich sagte – für mich selbst überraschend – sofort zu.

Die Feier fand am 21. März 1998 statt, und ich habe dreimal mit mir gehadert, ob ich überhaupt hingehen sollte oder nicht, wohl wissend – besser gesagt fühlend –, dass dies weitreichende Folgen haben sollte beziehungsweise haben könnte. Denn natürlich hatte ich auch Gedanken in Bezug auf mein Dienstverhältnis und die Ebene Lehrer-Schülerin.

Ich ging hin, trank mir etwas Mut an und gestand ihr am späteren Abend, dass es nun bei mir „so weit sei!" Sie war absolut fassungslos und traute ihren Ohren nicht. Wir verabredeten uns für den kommenden Samstag.

An diesem Tag wurden wir ein Paar. Als sie meine Wohnung verließ, betete ich: „Oh Gott, was hast du mit mir vor?" Ja, er hatte etwas mit mir vor. Gutes wie Schweres, das mich in meinem Leben auch mit tragischem Zusammenhang beschäftigen sollte.

Nun stand uns ein Kampf an gleich mehreren Fronten bevor. Denn nicht alle waren einverstanden mit unserer Verbindung und natürlich gab es Anfeindungen gegen ein Lehrer-Schülerinnen-Verhältnis. Diese Auseinandersetzungen zogen sich über knapp ein Jahr hin. Letztlich entschied sich meine Freundin auch noch einmal ganz bewusst für mich. Und selbst der Direktor, Pater Gilles, zeigte sich als katholischer Priester von seiner verständnisvollen, menschlichen Seite, was uns beide betraf.

Zu diesem Zeitpunkt war ich aber auch mit meiner Kraft und Geduld wieder mal am Ende. Ich betete zu Gott, eine Entscheidung herbeizuführen, selbst wenn es bedeuten würde, dass diese für mich negativ ausfiele. Es waren teils unschöne und bittere Auseinandersetzungen dabei, die meiner Freundin auch gesundheitlich zusetzten. Das tut mir heute leid und ich weiß nicht, ob ich nicht in späteren Jahren einen hohen Preis für diesen „Sieg“ bezahlt habe. Andererseits sprechen 15 glückliche Jahre und zwei wundervolle Kinder für die damalige Entscheidung.

12. Eine erfüllte Liebe: Rom – ein Herz und (k)eine Krone

Über kaum eine andere Stadt dürfte es so viel Literatur und Bildmaterial geben wie über Rom, die „urbs aeterna“, die Ewige Stadt. Ob als Christ, als Atheist, als Verliebter oder Kulturbegeisterter oder nur als Genießer – es gibt wohl keine Wünsche, die diese Stadt nicht erfüllen könnte. Ich habe diese Stadt bisher elf Mal besucht, zum ersten Mal 1980 mit meinem Bruder und zum bisher letzten Mal 2014, als der WDR in der Ewigen Stadt einige Szenen zu meinem 50. Geburtstag drehte. Dabei flossen Schönes und Trauriges, ja Dramatisches, geradezu ineinander, aber dazu später mehr.

Mich beeindrucken an Rom aber nicht nur der Petersdom, das Kolosseum und so weiter, sondern vor allem auch kleinere Plätze, Kirchen, Winkel, Restaurants und Brunnen. Besonders Rom bei Nacht mit seinen orangefarbenen Häusern, die zart von Straßenlaternen angestrahlt werden, hat es mir angetan. Dazu gehören das bunte, aber laute Treiben auf der Spanischen Treppe und der „Piazza Navona“ im barocken Stadtviertel, vor allem aber die engen, seitwärts gelegenen Gässchen, teilweise mit zartem, südlichem Blütenschmuck wie Oleander, der dem ganzen Eindruck zugleich den passenden Duft verleiht. Nicht zu vergessen der Sonnenuntergang über der „Piazza Nationale" auf dem „Pincio" mit der „Villa Borghese".

Besonders schön und romantisch finde ich auch abends einen Gang zur Kirche Santa Maria in Cosmedin mit ihrem Wahrheitsmund („Bocca della Veritá") oder einen Bummel durch Trastevere, um dort in einer kleinen, in Grün und Blüten eingehüllten Osteria einzukehren.

Sie merken schon: Ich schreibe meinen Reiseführer eher mit dem Herzen als mit der wissenschaftlich fundierten Bildung des klassischen Philologen und Historikers. Letzteres musste ich – wenn auch mit Einschränkungen – natürlich als Lehrer tun, was aber eher ins komische Fach führte.

*

An Ostern 1981 habe ich mich in Rom zum ersten Mal richtig verliebt – unglücklich, wie sich herausstellte. Dann habe ich, eigentlich im Moment des bis dahin größten Triumphs, die Stadt drei Jahre später wiedergesehen – unmittelbar nach dem

Abitur, das ich mit 1,5 abgelegt und bei dessen Feier ich eine viel umjubelte Rede gehalten hatte. Ich wähnte mich damals auf dem Gipfel, zumal nun das Studium meiner Lieblingsfächer Latein, Griechisch und Geschichte vor mir lag. „Gradus ad Parnassum“, dachte ich. Zu Deutsch: Herz, was willst du mehr? Dass aber genau das Herz mein Manko war, habe ich damals schon als Erstes begriffen. Denn die Leichtigkeit, die mir auf der Bühne bisweilen zuflog, war gerade in Herzens- und Liebesdingen nicht zu spüren, wo ich sie doch so dringend gebraucht hätte.

Die Enttäuschung mit Brigitte saß über Jahre tief und hatte sich bei mir als Trauma festgesetzt, das ich erst überwand, als Sandra und ich uns ineinander verliebten. Als dann aber 2014 diese Liebe in eine tiefe Krise geriet, kehrte auch das Trauma zurück, mehrmals enttäuschte Liebe erfahren zu haben.

Ein anderes Trauma war die besagte Romfahrt 1984. Wir fuhren zu acht Jungs (Darf man das heute noch so sagen?), die gerade zusammen das Abitur gemacht hatten und zudem durch einen Stammtisch und die Begeisterung für den Fußball, vor allem für Alemannia Aachen, miteinader verbunden waren. Die Reise war von uns auf knapp zwei Wochen angesetzt.

Wir sahen uns die Stadt in aller Gründlichkeit (das Wort ist bewusst gewählt) an, bestaunten Kirchen und andere Bauwerke und es fühlte sich an wie ein Betriebsausflug, allerdings ohne Frauen. Denn genau die weiblichen Seiten fehlten: Herz und Emotionen.

Zudem erlebten wir eine aus deutscher Sicht unglückliche Europameisterschaft, bei der wir bereits in der Gruppenphase durch ein 0:1 gegen Spanien ausgeschieden sind (aber da waren wir bereits wieder zu Hause). Und ich gebe zu, ich war froh wieder zu Hause zu sein. Denn meine Liebe zu Rom war vierzehn Tage lang auf eine harte Probe gestellt worden (was bei meinen späteren Klassenfahrten als Lehrer auch der Fall war, aber eher eine komische Seite besaß): Wir acht Jungs hatten einfach nie einen gemeinsamen Nenner gefunden.

Rom zu sehen und zu erleben, fühlte sich in dieser Konstellation so an, als ob man eine Frau, die wunderschön ist und die man über alles liebt, mit Schulnoten beurteilt: „Aber in Mathe hat sie nur eine vier."

Drei Jahre später unternahm ich dann wieder eine Reise nach Rom. Dieses Mal war sie ein Geschenk für meine Mutter zu ihrem 60. Geburtstag. Ihre

Freude und Begeisterung für diese Stadt sollten mein ungetrübtes Verhältnis zu Roma bella wiederherstellen, wenn auch die Besichtigung Roms für meine Mutter alles andere als entspannend war. Sie war zwar körperlich und geistig noch fit und eigentlich gut zu Fuß, aber die Besichtigungs-Gewaltmärsche ihres von Rom begeisterten Sohnes ließen sie an den Rand ihrer Kräfte kommen. Das gipfelte schließlich in dem Satz: „Ich bin ja schon dankbar, dass wir nicht zu Fuß nach Rom gepilgert sind, aber viel weniger laufen wir nicht."

Meine Mutter war natürlich von dem Petersdom und Vatikan beeindruckt, aber sie setzte auch eigene Akzente wie ihre Vorliebe für Sankt Paul vor den Mauern und den Blumenmarkt, die „Piazza di Campo de' Fiori", die ihre Liebe zur Natur und den Blumen widerspiegelten.

Wir wohnten in einem Schwesternheim mit Gästehaus hinter der Vatikanmauer, in dem auch einige Reisegruppen, zum Beispiel der Kirchenzeitung, übernachteten. Meiner Mutter, die beim Essen sehr kritisch und eigen war, fiel sofort auf, dass die obligatorische Vorsuppe, deren Konsistenz doch vorher aus Wasser und „vereinzelten Nudeln" (Zitat Mama) bestanden hatte, durch die Anwesenheit einer gut situierten Reisegruppe doch sichtlich an Nährwert, sprich Einlage, gewonnen hatte. Meine Mutter regte sich sogleich darüber auf: „So eine Unverschämtheit! Auf einmal können die Nonnen besser kochen!“ Und ich dachte mir: Vielleicht erleben wir hier vor Ort ja gerade eine modifizierte Form eines biblischen Wunders, nicht der Brot-, aber der Nudel- und Gemüsevermehrung.

Doch die Anwesenheit der Reisegruppe brachte uns nicht nur mehr Einlage in der Suppe, sondern auch einen unerwarteten Höhepunkt der Romfahrt ein. Ich hätte mit meiner Mutter normalerweise nur die wöchentlich stattfindende Audienz des Papstes auf dem Petersplatz besucht, bei der der Papst seit dem Attentat 1981 im Papamobil durch die Reihen fuhr und die auch durchaus beeindruckend war. Doch durch die Vermittlung des Reiseleiters jener Gruppe erhielten wir auf einmal Karten für einen sehr guten Sitzplatz für eine Seligsprechungsmesse mit dem Papst an einem Sonntag.

So einer Papstmesse beizuwohnen, war für mich etwas völlig Neues, es war beeindruckend und überwältigend, aber für meine Mutter war es wohl ein Höhepunkt ihres Lebens. Sie weinte vor Glück und sicher auch Leid, als wir aus nächster Nähe den Segen des Papstes empfingen.

Nach knapp zwei Wochen Aufenthalt lautete ihr Wunsch beim Abschied von der Ewigen Stadt: „Nach Rom möchte ich noch einmal zurück!"

Ihr Wunsch sollte knapp neun Jahre später in Erfüllung gehen, als wir Fronleichnam 1996 zu einem Kurztrip in der „urbs aeterna" weilten. Während unserer Reise erlebten wir dort ein Glaubenserlebnis der ganz besonderen Art. Wir warteten in einer Menschenmenge knapp zwei Stunden auf die verspätete Prozession mit Papst Johannes Paul II. Neben uns stand eine junge Frau, die wohl eine geistige Behinderung hatte und in einem unverständlichen Kauderwelsch redete, und zwar in mehreren Sprachen. (Wie der blinde Mönch Jorge de Burgos in der Verfilmung „Der Name der Rose.") Als der Papst mit der Prozession erschien, fiel sie völlig ergriffen auf die Knie und fing an zu beten. Sie sang ab da alle Gebete und Gesänge der Gemeinde in Latein und Italienisch fehlerfrei mit! Wir waren völlig ergriffen und fassungslos angesichts dieses Wunders, das ein solches für uns war.

Ergriffen und fassungslos, nur völlig anders, waren wir zwei Tage später, als meine Mutter in einem Bus von einer kleinen Gruppe Jugendlicher ihrer Handtasche beraubt wurde, in der sich nicht nur Geld, sondern leider auch unsere Pässe befanden.

Sie hatte am vorletzten Tag unserer Reise noch einmal ihre geliebte „Piazza di Campo de' Fiori" besuchen wollen.

Nach dem Schreckensmoment suchten und fanden wir Hilfe in der deutschen Gemeinde Santa Maria dell'Anima, deren hilfsbereite Mitarbeiter uns zur Polizei und der deutschen Botschaft leiteten, wo wir am frühen Nachmittag Ersatzpässe erhielten, die uns die Rückreise am nächsten Tag ermöglichten.

Für meine Mutter sollte ihr zweiter auch ihr letzter Romaufenthalt sein, den sie tief im Herzen trug und bis zu ihrem Tod immer dort bewahrte, denn eine dritte Reise lehnte sie überraschenderweise ab.

*

Dafür lernte ich Rom 1995 und 1997 aus einer ganz anderen Perspektive kennen: als Lehrer und sozusagen Reiseführer, dessen Erfahrungen später – aus gutem Grund – in eine klassische Kabarettszene münden sollten.

1995 wurde ich als junger Lehrer und frischgebackener Studienrat in mein erstes Rom-Abenteuer und damit zugleich ins kalte Wasser geworfen. Mein Lehrer, Freund und Vorbild Arno Offermanns, der die Fahrt minutiös vorbereitet hatte und leiten sollte, fiel kurzfristig aus und ich wurde an seine Stelle abkommandiert (das Wort ist bewusst gewählt, denn so war es). Und das, obwohl ich gerade eine neue Wohnung bezogen und keine Lust auf ein solches Abenteuer hatte. Aber Dienst ist Dienst und Schnaps ist Schnaps, wobei später in Rom beides ineinanderfloss (namentlich mit Grappa).

So kam es also, dass ich mit drei Kollegen und circa 30(!) Schülern nach Rom fuhr, das heißt zunächst nach Cadennabia am Comer See, Adenauers Urlaubsresidenz, die wir jedoch erst spät und im Dunkeln zu Gesicht bekamen. Das störte uns jedoch nicht sehr, denn zwischendurch hatte unser Bus Züge des „Klingenden Rheinländers" angenommen und das Alkoholverbot wurde im Bus noch weniger beachtet als im Amerika der Prohibitionszeit. Zudem bemerkte ich, dass die Schüler mich mehrheitlich in ihre Mitte nahmen und mich nicht nur als Ersatz akzeptierten, wobei ich wissenschaftlich an meinen Kollegen nicht annähernd heranreichte, dafür war ich ihm als Stimmungskanone weit überlegen.

Diese Fähigkeiten sollten mir noch zugutekommen, denn einfach war die Führung einer solchen Truppe nicht, zumal der erfahrene Kollege, der wohl etwa fünfzig Mal in Rom gewesen war, mir weitgehend die Führung überließ, aber meine Vorträge, auch coram publico, einer kritischen Überprüfung unterzog. (Manche) Lehrer haben eben einen eigenen Begriff von Kollegialität, man hätte mir ja auch hilfreich unter die Arme greifen können. Na ja.

Alles in allem wurde es eine erfolgreiche und unvergleichliche Reise, die vor allem einen komödiantischen und romantischen Höhepunkt erlebte und durch ihren Eingang in mein Kabarettprogramm unvergesslich bleiben wird:

Klassenfahrt nach Rom

Man ist froh, wenn man als Lehrer auch mal rauskommt aus der Alltagswelt der Schule, wenn man mal eine Klassenfahrt macht – nach Rom. Schnell denkt man da als Lehrer an: Forum, Colosseum, Circus Maximus, Santa Maria Maggiore, Vatikan und so weiter. Die Schüler hingegen denken: „Ich fahr' jetzt noch einmal mit und da lass ich dermaßen die Sau raus." Als Lehrer merkt man das schon morgens, wenn die ankommen. Die haben ja heute bei so etwas immer passende T-Shirts dazu. Wenn ein besonderes Event, wie so eine Fahrt nach Rom, ansteht, lauten die T-Shirts dann:

- „VATI–KAN(N)
  Mutti mich auch mal“
- „Wir rocken die Katakomben!“
- „Hey, Nero, Rom brennt bald wieder!“

Da kriste richtig Lust mitzufahren. Und dafür nimmt man auf so’ner Busfahrt – 30 Stunden mit den Schülern in so’nem Bus – immer einen jungen Kollegen mit, damit der das Leben kennenlernt. Und das kennt der dann schon ab Frechen. Den schickste dann so nach vorne: ***„Herr Frings, geh‘n se mal nach vorne, begrüßen se mal die Schüler, bitte!“***

Frings (mit Mikrofon in der Hand): ***„Guten Morgen, ich begrüße euch herzlich zu dieser Exkursion, ich wollte mich mal vorstellen, mein Name ist Frings, ich sag immer: „Erst Frings und dann ging‘s“*** (lacht unbeholfen).

Die Schüler (brüllen rein): ***„Wer hat das Arschloch mitgenommen? Den werfen wir in Peppenhoven aus dem Bus.“***

Dann kommt der Busfahrer, der ist schon näher an der Realität dran: ***„Hier ist der Theo Schmitz, könnt‘ mich aber Theo nennen, ich hab‘ den Theo vorne an der Bustür abgegeben und wenn einer neben dä Klo pinkelt, der kann nach Haus‘ fahren!“***

Und wenn die Schüler in dem Alter fahren – 17, 18 Jahre –, dann sind die meisten ja in einer festen Beziehung.

Jetzt fährt der eine Partner auf einer anderen Fahrt mit … ein Drama! Aber es gibt ja Handys …

Schüler (spricht ins Handy): ***„Ja, Schatz, hallo!, Ja, ich vermiss‘ dich auch. Ich lieb‘ dich auch, du. Du fehlst mir! Wo wir sind? In Kerpen-Buir. Wetter ist geil hier, aber ich vermiss dich total, ich ruf‘ in Kerpen wieder an.“***

Und noch schöner ist es, wenn du mit dem Zug fährst: Morgens 40 Mann Aachen-Hauptbahnhof … mit Eltern. Alle erwartungsfroh, stürmen in den Zug rein und weinen gar nicht, wenn sie von den Eltern wegfahren. Die machen die Scheiben runter (singen laut): ***„Wir versaufen eure Rente, Halleluja!“ – „Von welcher Schule kommen Sie denn ?“ – „Heilig-Geist-Gymnasium!“***

Und du siehst die Unterschiede schon, wenn die Schüler ankommen. Die Mädchen kommen mit vier Koffern: ***„Herr Beckers, können se mal bitte mein Beautycase aus dem Auto holen?!“*** Der könnteste schon so in die Fresse hauen.

Die Jungens haben zwei Unterhosen mit. Eine haben sie an. Ja, die sehen das sportlich, die sagen: ***„Wo PUMA draufsteht …“***

Und mit denen sollst du dann die Weihen abendländischer Kultur erforschen … in Rom. Veni, vidi, vici – ich kam, sah … und verzweifelte. ***„Was, Caesar ist tot? Hat gar nix bei facebook gestanden.“***

Und mit denen sollst du dann im Vatikan das Christentum erforschen. Jut, wenn wir früher ein Referat halten mussten, haben wir uns auch die letzte Nacht oder die letzten zwei Nächte vor dem Referat hingesetzt und das zusammengeschrieben. Aber wir haben noch geschrieben und gelesen. Heute loaden die das in der Nacht vorher down und sehen dann am nächsten Morgen auf dem Petersplatz zum ersten Mal, was sie sich downgeloaded haben.

Du stehst dann mit einer Gruppe von Schülern auf dem Petersplatz und eine Schülerin soll ein Referat halten.

Lehrer: ***„Svenja, Svenja!!!“*** (lauter).

Die haben heute immer was in den Ohren. Du hättest doch früher kein Mädchen gewonnen, wenn du gesagt hättest: ***„Darf ich dir mal meinen Ei-Pott zeigen?“*** Aber wir haben ja auch noch Eierbecher gesagt.

Svenja: ***„Also, wir stehen hier auf einem Platz, das weiß ich nicht mehr, aber mein Referat geht hier über der Kirche. Peter Dohms …***

Lehrer brüllt dazwischen: ***„Petersdom!“***

… ach so, das ist die neue Rechtschreibung, wurde 15 Uhr 6 …

Lehrer: ***„Fünfzehnhundertsechs!“***

… ach das war früher, in Rom geboren. Im Inneren des Domes befinden sich zahlreiche Fressen …

Lehrer: „*Ja gleich, wenn ihr drin seid! Jetzt sind es noch FresKen!*“

… die bedeutendsten Künstler sind Raffäl …

Lehrer: „RaffAEl!“

… ach, das waren drei ! Und Michael Engels, italienisch Michelangelo. Und hier oben in dem Palast, da wohnt der Papst, Benedikt Xvi (spricht die römischen Zahlzeichen als Buchstaben aus).

Lehrer: „*Das ist der 16. !!!*“

… ja, zählen konnt‘ ich sie leider nicht mehr …“

Der komödiantische Höhepunkt dieser Reise war allerdings ein Abend oder fast eine ganze Nacht, in der einige Schüler sowie auch ich Lehrer parodierten. Natürlich ging es da nicht ohne Alkohol zu und die am nächsten Tag stattfindende Vatikanbesichtigung zehrte doch erheblich an meinen Kräften.

Einen romantischen Höhepunkt gab es auf dieser Klassenfahrt auch. Es war eine Trauung mit einer Schülerin, die mein Kollege und Freund Elmar Griemens symbolisch und humoristisch vornahm, nicht ahnend, dass er mich knapp drei Jahre später tatsächlich mit einer Schülerin verkupp … verbinden sollte.

Während es in Rom nur ein Spiel war, habe ich dann ja 2004 wirklich eine Schülerin geheiratet, meine Frau Sandra. Mit ihr war ich dreimal in Rom: 2001 zu einem Tagesausflug von Ischia aus, 2005, um den gerade frisch gewählten deutschen Papst Benedikt XVI. zu sehen. Wir waren total beeindruckt, als er sonntags vom Fenster des päpstlichen Palastes zu uns sprach und den Segen erteilte. Wir erhofften uns von ihm auch einen Aufschwung gerade für die deutsche Kirche und sein Besuch auf dem Weltjugendtag verstärkte diese Hoffnung noch. Dass sein Pontifikat so unglücklich und durch seinen eigenen Rücktritt enden würde, hätten wir uns damals nicht im Entferntesten vorstellen können. Auch nicht, in welche unruhigen Gewässer unsere Ehe noch geraten sollte, denn der nächste Rombesuch sollte ein positiver wie negativer Höhepunkt sein:

2014 drehte der WDR in Rom einen Film aus Anlass meines 50. Geburtstages (was ich kaum fassen konnte) und gleichzeitig befanden wir uns auf dem ersten Höhepunkt unserer mehrjährigen Ehekrise.

Meine Frau reiste mir nach Rom nach und wir verbrachten dort einige Tage zwischen Liebe und Streit, Hoffen und Bangen.

An einem Abend gab es ein eindrucksvolles Lichtergebet auf dem Petersplatz, an dem meine Frau und ich einträchtig und andächtig teilnahmen. Ich betete dort flehend, aber auch verzweifelt: „Herr, lass unsere Liebe nicht zerbrechen und wieder neu beginnen!“ Doch meine innere Stimme sagte mir, dass sich der Strom nicht aufhalten ließe.

13. Kinderglück

Wir waren beide davon überzeugt, eine lebenslange Bindung eingegangen zu sein, als wir 2004 heirateten. Wir fuhren damals bei unserer Hochzeit mit der Kutsche zu unserer Schule als dem für uns symbolträchtigen Ort und stiegen dort in eine Limousine um, die uns zur Feier brachte.

Erst ein Jahr zuvor hatten wir als Prinzenpaar der Stadt Alsdorf eine triumphale Session erlebt und für mich als Kabarettist und Karnevalist deuteten sich erste Karriereschritte nach Aachen und Köln an ... das Glück schien perfekt.

2007 bezogen wir dann unser eigenes Haus in Alsdorf-Ofden, das wir nach unseren Wünschen umgebaut hatten.

Von dem Jahr an war meine Frau auch meine Managerin. Sie kam in dem harten und nicht immer fairen Geschäft bestens zurecht und war vor allem eine kluge und geschickte Verhandlerin, die optimale Konditionen erzielte. Sie erfüllte perfekt die Aufgaben als Mutter zweier kleiner Kinder und Managerin.

Bei einem Besuch im Trierer Dom sprach ich sie ganz bewusst am Taufbecken an, wie es denn mit der Krönung der Liebe, einem Kind, aussehe. Als sie auswich, hakte ich nach und bekräftigte, dass beruflicher und materieller Erfolg ja nur sekundär seien. Überraschenderweise brach sie darauf in Tränen aus

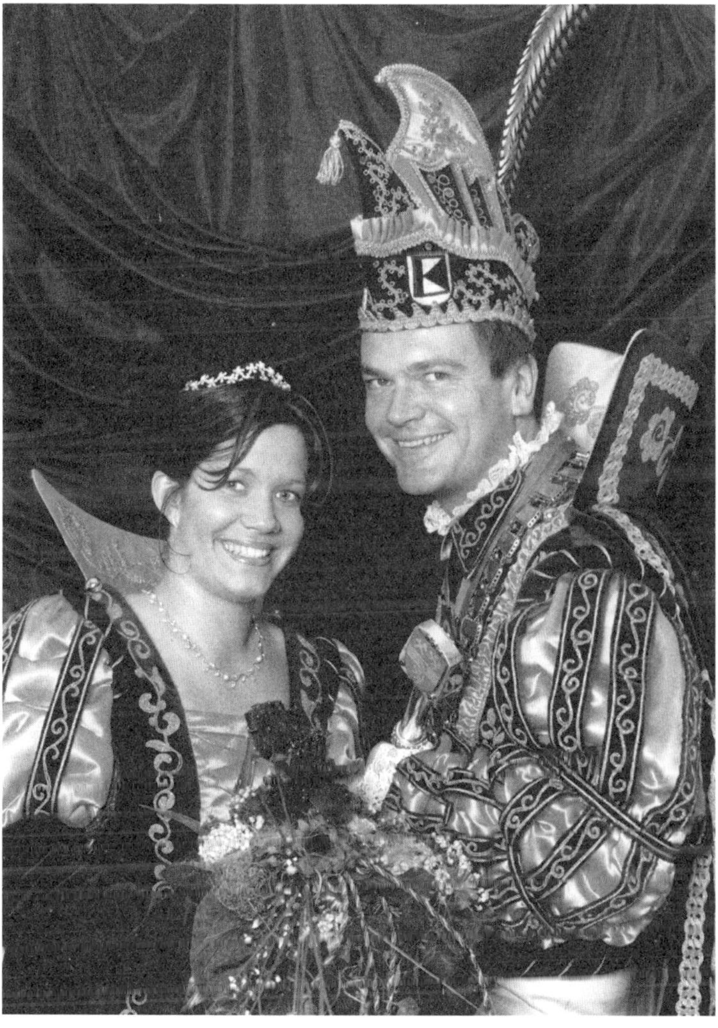

und gestand mir, dass sie die Pille schon länger abgesetzt und auch mit ihrem Frauenarzt darüber gesprochen habe, sich aber einfach keine Schwangerschaft einstellen wolle. Wir nahmen uns beide an die Hand und beteten am Taufbecken des Trierer Domes, dass Gott unseren Kinderwunsch erhören möge.

Zusätzlich ließ ich mich von einem Urologen untersuchen, der feststellte, dass eine Schwangerschaft schwierig werden könnte, da ein Nebenhoden durch mehrere Entzündungen beschädigt sei. Diese Entzündungen hatte ich in der schlimmsten Examenszeit, im Jahr 1990, erlitten. Mein damaliger Urologe hatte von einer Entfernung abgeraten im Hinblick auf eine mögliche Kinderzeugung. Eine prophetische Entscheidung, wie sich jetzt herausstellte ...

Während der Fußball-Europameisterschaft 2008 hielt meine Frau mir plötzlich ein Paar winziger Fußballschuhe entgegen. Erst nach kurzem Zögern und Erstaunen wusste ich, was das zu bedeuten hatte: Sie war schwanger! Die Freude war unsagbar groß. Wir fuhren daraufhin zur Marienkapelle und zündeten als Dank eine Kerze an.

Wir waren überglücklich und erlebten die Schwangerschaft zusammen, gemeinsam und ganz bewusst. Das Geburtsdatum sollte der 11. Februar 2009 sein, also mitten in der Session. Typisch! Und bereits einige Tage vor dem Termin lauerten die Medien darauf, wann es denn so weit sei. Es kam sogar so weit, dass mich am Sonntag vor dem eigentlichen Geburtstermin (einem Mittwoch) ein Fernsehteam begleitete.

Seitdem wir wussten, dass wir ein Töchterchen bekommen würden, hatten wir uns für den Namen Marie entschieden, denn unsere beiden Großmütter hatten Maria geheißen. Die Schwangerschaft verlief ruhig und nahezu unproblematisch und es sollte eine Punktlandung werden: Marie wurde in den frühen Morgenstunden des 11. Februar 2009 in Eschweiler geboren.

Das Glücksgefühl war kaum zu beschreiben, am Freitagmorgen fuhren wir zu dritt nach Hause und am Abend stand ich wieder auf den Karnevalsbühnen, wo ich nun auch als Vater umjubelt wurde.

Was dann folgte, war ein Gratulationssturm, wie wir ihn uns in unseren kühnsten Träumen nicht vorgestellt hatten: Hunderte Briefe und Karten, Geschenke, Anrufe und Besuche. Ein wunderschöner Beweis der Zuneigung und Anteilnahme, der uns kräftemäßig nach Schwangerschaft und Karnevalssession allerdings sehr mitnahm.

Nach gut drei Wochen fuhren wir dann noch einmal nach Trier, um dem Sturm für einige Tage zu entfliehen. Wir standen nun am Taufbecken des Trierer Domes *mit* dem Kind, für das wir so inständig gebetet hatten.

Marie fügte sich nahtlos, harmonisch und ohne Probleme in unser Leben ein. Und wir beschlossen, sie am 28. März, dem 11. Jahrestag unserer Beziehung, taufen zu lassen. Es wurde eine wunderschöne Tauffeier, die allerdings von einem Krankenhausaufenthalt meiner Mutter getrübt war.

Nach dieser Feier war auch meine Frau kräftemäßig am Ende und wir mussten erst einmal durchatmen, was wir gemeinsam mit unserer kleinen Tochter auch voller Glück taten.

14. Der Heilige Geist in Freud und Leid

Mit Maries Geburt endete eigentlich auch meine Tätigkeit als Lehrer am HGG, denn ich ließ mich in Elternzeit beurlauben. Diese Beurlaubung dauert, mit einer kurzen Unterbrechung in den Jahren 2010 und 2011, bis heute an, da sich ihr die Geburt unseres Sohnes Lukas anschloss. Er hatte es eilig mit seiner Geburt. Am 1. August 2010 kam ein hellblonder Jüngling auf die Welt und brauchte dafür weniger als eine Stunde. An Faszination und Tempo hat sich bis heute nichts geändert.

Ich war also insgesamt rund 15 Jahre Lehrer an meiner alten Schule, dem Heilig-Geist-Gymnasium in Würselen-Broich. Acht Jahre war ich dort Schüler, zehn Jahre Ehemaliger, seit drei Jahren bin ich SchülerInnenvater und sogar zwei Monate war ich dort als Hausmeister tätig.

Das war die kurioseste Erfahrung: Nach meinem Abitur fragte mich Pater Schmitz, ob ich bereit sei, dem Hausmeister als Helfer zur Seite zu stehen als Ferienjob. Es war ein Traum! Ich arbeitete nun im Garten, in den Klassenräumen und auf dem Hof meiner Schule, die ich gerade erst verlassen hatte und traf meine ehemaligen Mitschüler wieder, wenn ich Kreide brachte oder den Tafeleimer auswechselte. Das war mehr Spaß als Job und sollte eine willkommene Entspannung vor dem anstrengenden Studium sein.

Um es kurz zu machen: Ich war und bin nicht der geborene Lehrer, der sich ganz seinen Fächern und der Institution Schule verschreibt, aber ich war mit ganzem Herzen (oft auch zu großem) bei der Sache und habe den Umgang mit den Schülern geliebt.

In Erinnerung bleiben vor allem zahlreiche Anekdoten sowie Menschen und Ereignisse, natürlich aus Sicht des Komikers. Aber Schule hat halt immer auch etwas Komisches, ganz ohne „Feuerzangenbowle“ geht es nie.

Als ich beispielsweise mal einen Schüler ernsthaft ermahnte, es sei jetzt gut, er solle sich ab jetzt ruhig verhalten, sah dieser mich mit einer Mischung aus ernstem und doofem Gesichtsausdruck an und sagte: „Nicht mir mir, Männelein!“

Andere Lehrer hätten sich jetzt echauffiert, ich aber musste lauthals loslachen. Der Schüler hieß übrigens Michael Engels und gab mir die Vorlage für Michael Engels = Michelangelo in der bereits beschriebenen kabarettistischen Rom-Szene.

Und dann war da noch jener Schüler in meinem Geschichtsleistungskurs, dem besten Kurs, den ich je hatte, der recht häufig seine Hausaufgaben „vergaß". Ich hatte als Hausaufgabe gestellt, Wahlplakate für Gladstone oder Disraeli nach dem Vorbild des englischen Wahlkampfes zu erstellen. Der betreffende Schüler hatte kein Plakat dabei, fand dafür aber eine fulminante Erklärung: „Oh, ich habe die Aufgabe missverstanden und mein Plakat an eine Litfaßsäule gehängt!" Wir konnten uns vor Lachen kaum halten und ich erließ Straffreiheit wegen Originalität.

Ja, die Originalität trieb manchmal merkwürdige Blüten. Eine Schülerin verspätete sich beispielsweise mal und sagte zur Begründung: „Ich habe lange auf den Bus gewartet und erst, als es zu spät war, gemerkt, dass die Haltestelle weg war." – Was will man als Lehrer dazu sagen?

Oder da war der Schüler, der im Latein-Leistungskurs den Klausurtext nicht nur fehlerhaft übersetzt, sondern eine Übersetzung geschrieben hatte, die mit dem Original nicht das Geringste zu tun hatte. Auf meine Nachfrage antwortete er: „Ich habe gedacht: Versuch' es mal, vielleicht merkt er es ja nicht!"

Aber wie das Leben so spielt, gab es neben all den lustigen auch weniger schöne und dramatische Ereignisse:

- 1997 stürzte sich ein Schüler aus Liebeskummer aus dem Fenster des dritten Stocks. Ich unterrichtete in einem Nebenraum und werde nie den Schock vergessen, den dieses Ereignis auslöste. Doch er hatte Glück. Gott hatte etwas anderes mit ihm vor: Der Schüler überlebte wie durch ein Wunder und machte ein Jahr später als geplant sein Abitur. Heute steht er mitten im Leben.

- Eine Schülerin aus der Stufe meiner Frau musste hingegen allzu früh sterben. Sie lehnte jede Therapie gegen den heimtückischen Krebs ab und starb einen qualvollen Tod.

- Als ich 2007 mit meiner Frau zum Osterurlaub auf Borkum weilte, stelle ich erstaunt fest, dass mich jemand aus der Schule angerufen hatte. Im Urlaub? Das war mehr als ungewöhnlich! Bei meinem Rückruf traf ich auf eine weinende Sekretärin, die mir mitteilte, das einer meiner Lieblingskollegen, Uwe Weilerscheidt, im Alter von

43 Jahren gestorben sei. Er war zu Lebzeiten ein echter Sonnyboy gewesen, der gut aussah und die Menschen magisch in seinen Bann zog. Fassungslos erlebten wir eine Beerdigung in größter Anteilnahme.

- Einige Jahre zuvor hatte es allerdings noch einen viel dramatischeren Fall gegeben: Eine Schülerin unserer Schule, 9. Klasse, war von einem Mitschüler ermordet worden, weil sie dessen Liebeswerben abgelehnt hatte. Eine unglaubliche Tat, die mindestens zwei Menschenleben zerstört hatte. Die Beisetzung erlebte eine völlig konsternierte Schulgemeinde.

In meiner eigenen Stufe hatte ein ehemaliger Mitschüler ein Mädchen brutal ermordet. Der Schüler hatte mit uns zusammen im Latein-Leistungskurs gesessen. Als wir von der Tat erfuhren, saßen wir Lehrer und Schüler einfach nur stundenlang stumm und fassungslos nebeneinander.

Überwogen haben jedoch die schönen und lustigen Erlebnisse. Es ist immer eine große Freude, auf ehemalige Schüler zu treffen, die sich gerne und dankbar an einen erinnern, selbst wenn der Satz häufig lautet: „So wie bei Ihnen haben wir noch nie gelacht."

Wegen unserer Tochter Marie ließ ich mich 2009 beurlauben, allerdings im Glauben ein Jahr später wieder an die Schule zurückzukehren. Doch es sollte ganz anders kommen …

Denn genau ein Jahr später, während der Karnevalssession 2010, kehrte meine Frau völlig aufgelöst von einem Arztbesuch bei ihrem Gynäkologen zurück: Sie war wieder schwanger. Wir fielen uns in die Arme und jubelten.

Da mein Fahrer im Karneval sogleich die frohe Kunde bekannt gemacht hatte, wurde ich nun als kommender Vater auf den Bühnen begrüßt.

Bei einer Ultraschalluntersuchung stellte sich unzweifelhaft heraus, dass wir einen Sohn bekommen würden. Wir entschieden uns bald für den Namen Lukas. Es lief alles, als ob das Leben ein Wunschkonzert wäre. Dass es das nicht war, sollte sich aber erst wesentlich später herausstellen.

Die Schwangerschaft verlief nicht ganz so unproblematisch wie bei Marie, aber insgesamt gut und ohne große Komplikationen. Am 1. August kam unser Sohn Lukas in einer Blitzgeburt zur Welt und hatte zu unserer völligen Überraschung hellblonde Haare wie mein Vater, mein Bruder und ich als Kind.

Es gab auch dieses Mal wieder ein Gratulationsfestival und wieder fuhren wir nach einigen Wochen nach Trier und an die holländische Küste, wo wir den ersten Familienurlaub zu viert verbrachten.

Lukas war naturgemäß ein anderes Kind als Marie, unruhiger, munterer, ein Junge eben. Wir liebten und lieben beide über alles – so wie sie sind.

So lief unser Leben ganz nach Wunsch ab: Wir waren gesund, eine glückliche Familie und mit materiellem und beruflichem Erfolg gesegnet. 2011 kam dann noch der Durchbruch im Fernsehen: Der Westdeutsche Rundfunk (WDR) zeichnete zum ersten Mal ein Soloprogramm von mir in der Alsdorfer Stadthalle auf, mit großem Erfolg. Nun war ich auch beruflich am Ziel.

Aber, wie ich längst und durch viele Schicksalsschläge hätte wissen müssen: Das Leben ist ein Wellental. Noch joggte ich jeden Morgen zur Marienkapelle und dankte Gott für alles, betete für unsere Familie und für alle, denen es nicht so gut ging, doch schon bald sollte ich selbst wieder mehr bitten als danken müssen.

15. Das Glück zerbricht

Ein Paar, das waren meine Frau und ich 2013 seit 15 Jahren. Wir feierten dies groß am 28. März, dem Tag, an dem wir damals zusammengekommen waren. Meine Frau integrierte ihre eigene Geburtstagsfeier (sie hat am 26. März Geburtstag) in diese größere Feier, auf der sie bestand, mit den Worten: „Ich möchte mein Glück in die Welt schreien und mit möglichst vielen Menschen teilen!"

Ich zögerte nur kurz und hatte keine ernsthaften Zweifel. Wenn meine Frau sagte „Hoffentlich passiert uns nichts Schlimmes!", wischte ich diese Bedenken mit Optimismus und Gottvertrauen beiseite.

Ich ahnte da aber nicht, dass ich mit einem Fuß über dem Abgrund stand und wir gerade auf einem Vulkan tanzten. Wir führten ein Leben auf der Überholspur, in dem sich berufliche Überanspannung, Erfolg und hektische Urlaubsaktivitäten abwechselten. Das Wort Ruhe war für uns ein Fremdwort, es war ein ständiges „schneller, höher, weiter", in das wir auch unsere Kinder mit einbanden.

Bei einem Urlaub auf Mallorca kam es zum ersten Mal zu einem Streit, bei dem meine Frau bemerkte: „Es passt einfach nicht mehr!" Auch das versuchte ich, wenn auch liebe- und verständnisvoll, zu entkräften.

Kurz nach diesem Urlaub nahm meine Frau an einer Schlagerfete teil, das war nichts Ungewöhnliches, aber in neuer Gesellschaft: mit einer Frau, die

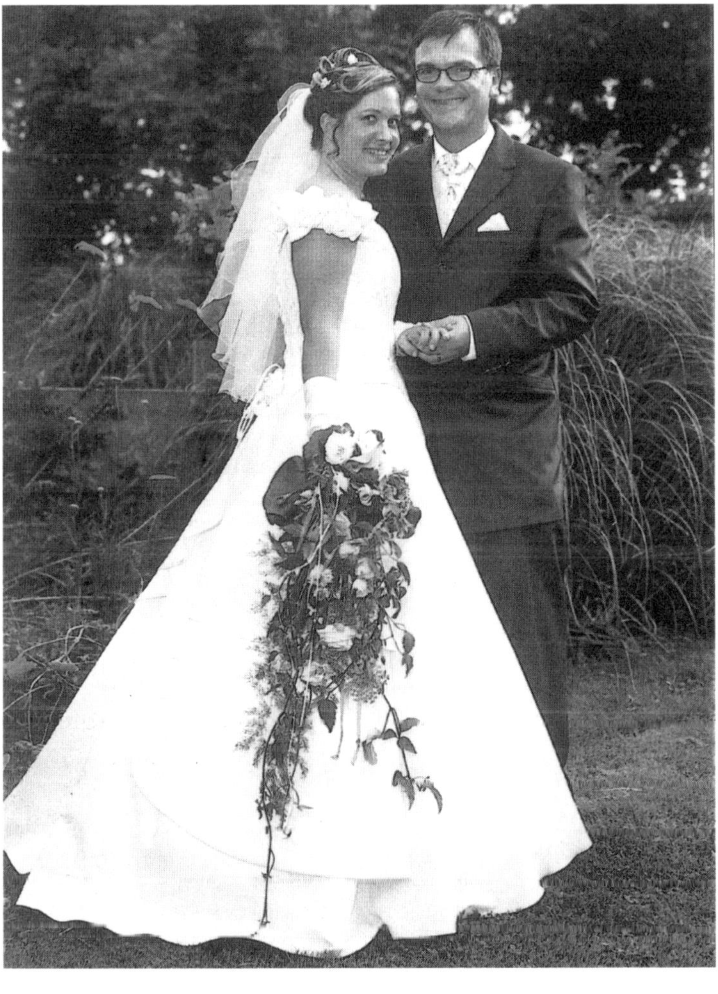

wir zwar aus unserem Ort und dem Kindergarten kannten, die uns aber bis dahin eher ferngestanden hatte. Der Kontakt überraschte mich, vor allem als er enger wurde und meine Frau mit ihrer „Freundin" deren Junggesellinnenabschied – allein! – in Düsseldorf feierte.

Der Gedanke kam, aber er wurde verdrängt: Eine Frau im Leben meiner Frau oder doch nur eine Freundin? Unsere Liebe und Innigkeit schienen zunächst nicht darunter zu leiden, aber ich war innerlich zerrissen. Ich spürte, dass irgendetwas in der Luft lag, wollte es aber nicht wahrhaben, weil nicht sein kann, was nicht sein darf. Zudem deckten Arbeit und Erfolg so manches zu. Wenn ich an der Marienkapelle betete, hätte ich mich eigentlich eines Schlechteren belehren lassen müssen: Hier sagte mir meine innere Stimme, dass etwas Negatives in der Luft lag.

Als dann die Aufzeichnung des Weihnachtsprogramms „D'r Baum fängt am Nadeln" stattfand, stand ich unter einer unerklärlichen Spannung. Ich traute mich aber nicht, den Dingen richtig auf den Grund zu gehen. Ich spürte aber, dass eine Lawine bevorstand.

Noch an Weihnachten erklärte mir meine Frau, dass sie mein Management aufgeben und in den Schuldienst gehen wollte.

Ich war fassungslos.

Aber es sollte schnell und sofort noch viel schlimmer kommen...

*

Nach Weihnachten brachen wir zu unserem jährlichen Jahreswechsel-Urlaub nach Sylt auf, die Stimmung war gemischt. Wir versuchten, Normalität zu wahren, was uns nicht gelingen sollte. Und dann kam es für uns alle so richtig dicke. Das neue Jahr begann mehr als turbulent:

In der Silvesternacht brannte unser Hotel, das Miramar in Westerland. Im hinteren Gebäudeteil des Hotels brannte es in einem Tagungsraum. Aufgeschreckt durch den Alarm flohen wir mit den Kindern auf dem Arm in ein benachbartes Hotel – ein böses Omen für ein weiteres „annus horribilis", ein Schreckensjahr, das uns bevorstand.

Als wir zurückkamen, hatten wir den Auto- und Hausschlüssel in Sylt vergessen. Die Folge: Wir mussten mit einem Taxi von Düsseldorf nach Alsdorf fahren. Unsere Haushaltshilfe, Frau Stadie, wartete treu und hilfreich auf uns. Sie sollte uns in den folgenden Wochen und Monaten noch oft helfen müssen.

Nach unserer Ankunft, noch am selben Abend, erhielt meine Frau von ihrer Mutter die Nachricht, dass ihr Vater ins Klinikum Aachen eingeliefert worden sei. Sie eilte sofort dorthin und erhielt die Nachricht, dass es nicht gut aussah.

Am nächsten Tag begannen meine Karnevalsauftritte. Ich war innerlich völlig zerrissen, die Angst um meine Ehe und vor allem meine Kinder, die Angst um meinen Schwiegervater und parallel an die hundert Büttenreden. Ich fand zwar Kraft im Gebet, spürte aber auch, dass Gott mir sagte: „Ich bin an deiner Seite, aber es wird schwer."

Eine Woche später hatte ich den Eindruck, dass die Lage sich zu beruhigen schein. Es war Mittwoch, der 8. Januar und ein sonniger und schöner Wintertag. Bei meinem Schwiegervater stand eine Untersuchung an und meine Frau weilte bei ihm im Krankenhaus. Ich ging – erstmals wieder in Ruhe – einkaufen, als mein Handy klingelte. Ich erwartete ein positives Untersuchungsergebnis aus dem Krankenhaus, doch meine Frau weinte bloß in den Hörer: „Papa ist tot!"

Ich fühlte mich, als ob mir die Beine weggezogen würden. Sofort ließ ich den Einkaufswagen stehen und fuhr ins Klinikum, wo ich meinen Schwiegervater aufgebahrt vorfand. Wir als Familie standen verzweifelt um ihn herum.

Er wurde nur 57 Jahre alt, war fast sein ganzes Leben lang krank gewesen und bekam eine sehr einfühlsame und würdige Beerdigung. Ich weiß heute nicht mehr, wie ich angesichts dieses Verlustes die laufende Karnevalssession absolviert habe.

Das Verhältnis zwischen mir und meiner Frau wurde immer schlechter, obwohl sie alle Vorwürfe bestritt. Sie hatte selbst mit der neuen Situation zu kämpfen und wusste wohl nicht, was mir, ihr und uns passierte.

Nach Karneval fuhren wir traditionell in den Urlaub an den Achensee nach Tirol. Das war stets ein absolutes Highlight in unserem Jahresablauf, doch hier sollte die endgültige Wende zum Negativen stattfinden. Wir stritten uns häufig und brachen schließlich den Urlaub vorzeitig ab. Auf der Rückreise machten wir immer in Wiesbaden Station, so auch jetzt. Doch dieses Mal blieb meine Frau in Wiesbaden und ich fuhr mit den Kindern alleine nach Hause. Am nächsten Tag begann mit dem Kindergarten der Alltag und außerdem stand die Fernsehaufzeichnung meines Osterspecials an.

Ich nahm angesichts der schweren Situation alle Kraft und Disziplin zusammen, aber ohne meinen

Regisseur Claus Schmitz wäre ich nicht in der Lage gewesen, die bevorstehende Fernsehaufzeichnung vorzubereiten und durchzuführen.

Er half mir beim Manuskript ebenso wie beim Einstudieren des Programms, das letztlich ein großer Erfolg wurde. Besonders schön war die Eröffnungsszene, bei der unsere Kinder zusammen mit den Kindern meines Musikers Harald Claßen sowie Freunden und Freundinnen als Osterhasen auftraten. Diese Idylle spiegelte allerdings nur sehr bedingt unsere familiäre Wirklichkeit wider.

Nach der Aufzeichnung, die mich alle Kraft gekostet hatte, zog ich mich in der Karwoche ins Saarland zurück, ein Ort, mit dem wir viele Erlebnisse und Erinnerungen verbinden.

*

Warum gerade das Saarland? Das kleinste Bundesland, das doch auf den ersten Blick kaum hervorsticht durch besondere Berühmtheiten, Sehenswürdigkeiten und Eigenschaften oder Leistungen. Gut, Oskar Lafontaine kennt jeder, sicher auch die anderen Politik-Größen wie Heiko Maas und Annegret Kramp-Karrenbauer. Früher war das Land ein Brennpunkt der Montanindustrie, also Kohle und Stahl, und hatte entsprechend mit dem Strukturwandel zu kämpfen. Zweimal standen die Saarländer unter französischer Hoheit und entschieden sich in Volksabstimmungen, 1935 unter Hitler („Die Saar kehrt heim“) und 1955 unter Adenauer für Deutschland und gegen Frankreich, dem sie direkt benachbart sind und von dessen Kultur und „savoir vivre“ sie viel übernommen haben.

Unsere Verbindung zum Saarland war jedoch eine andere: Meine Mutter hatte in Neunkirchen eine Schulfreundin aus Wittlicher Tagen wohnen, die sie in regelmäßigen Abständen besuchte. 1992 fuhr ich sie zum ersten Mal dorthin und holte sie eine Woche später ab. Ich war vom ersten Eindruck des Saarlandes völlig überrascht: überall Wald, kleine Ortschaften und ein beschauliches Gesamtbild, das schon beim ersten Blick zu einer spürbaren Entschleunigung führte. Dazu die etwas gemächliche Sprache, die die Saarländer kaum durch Hochdeutsch zu verbergen suchen (was mir äußerst sympathisch ist) und eine deftige Hausmannskost, die durch den französischen Einschlag verfeinert wird und ihren Ritterschlag erhält, z. B. „Gfillde“, das sind recht große Kartoffelklöße, die mit einer Mischung aus Gehacktem und Leberwurst gefüllt werden; dominierendes Gewürz ist Majoran.

Über die Klöße gibt man dann eine helle Speck-Zwiebel-Soße. Ein absoluter Genuss, wenn man deftige Kost mag.

Ansonsten dominieren die „Lyoner", eine fein gewürzte Schinkenwurst im Kranz, die man in allen Variationen reicht, und das Nationalgericht: der Schwenkbraten, der auf einem beweglichen Grillrost hin und her geschwenkt wird. Daher auch der Spruch: „Der Mensch denkt, Gott lenkt und der Saarländer schwenkt!"

Diese Mentalität zog mich auf eine seltsame Weise an, sodass ich 1997 meine Mutter zu ihrer Freundin brachte und selbst zum ersten Mal für ein Wochenende im Saarland blieb, am Bostalsee, einem Stausee mit vielfältigen Freizeitmöglichkeiten.

Ich schenkte mir quasi selbst dieses Wochenende – zu meiner Ernennung zum Beamten auf Lebenszeit. Ich wähnte mich am Ziel, nichts ahnend, was noch alles auf mich zukommen sollte. Doch erst einmal war da die Auszeit am Bostalsee.

Ich war auch hier erstaunt von der Schönheit der Natur und genoss im Hotel die saarländischen Spezialitäten.

Samstags lernte ich Saarbrücken kennen, die relativ kleine Landeshauptstadt, die aber mit dem Schloss, dem Johanner Markt und dem leicht französischen Flair einen besonderen Charme hat und zudem über eine beachtliche Einkaufsstraße verfügt. Es war Liebe auf den ersten Blick.

Meine Frau und ich haben dort später unzählige Einkäufe, vor allem vor Weihnachten und Ostern, getätigt. 2002 fuhr Sandra zum ersten Mal mit, ab 2009 auch die Kinder. Ich habe diese Auszeiten nicht nur zur Erholung genutzt, sondern auch, um Reden und Programme zu schreiben, was ich seitdem unzählige Male im Saarland gemacht habe. Trotzdem blieb auch immer Zeit für innere Einkehr und Ruhe.

Gleich bei meinem ersten eigenen Aufenthalt im Saarland lernte ich die Benediktinerabtei Tholey kennen und erfuhr, dass es sich um das älteste Kloster auf deutschem Boden handelt. Ich nahm an einem Gottesdienst teil und war tief beeindruckt von der monastischen Atmosphäre, den beeindruckenden Gesängen der Mönche, aber auch der einfachen und hingebungsvollen Frömmigkeit der Gläubigen.

Ich dankte Gott, dass ich mit dem Beamtenstatus auf Lebenszeit nun mein berufliches Ziel erreicht hatte und betete vor allen Dingen, die Frau meines Lebens kennenlernen zu dürfen, denn zu einer längeren, erfüllten Beziehung hatte es bisher ja nicht gereicht. (Ich ahnte nicht im Geringsten, dass ich diese Frau seit knapp drei Jahren unterrichtete und sie fast jeden Tag sah.) Und ich nahm eine positive und hoffnungsvolle Grundstimmung mit aus diesem Gottesdienst.

Sonntags lernte ich auch die Freundin meiner Mutter, Gertrud, näher kennen und genoss ihre hauseigene Küche. Es war eine Verbindung, die über Jahre zu einer echten Familienfreundschaft wurde und selbst über den Tod meiner Mutter hinaus hielt.

Wir haben sie zunächst jahrelang mit meiner Mutter, dann auch mit unseren Kindern besucht. Bei ihr zu sein, war immer der Abschluss unseres Sonntags-Besuchs. Vorher besuchten wir immer die Familienmesse in der St. Fronleichnamskirche in Homburg, die durch ihren Rundbau überrascht und besticht. Wir nahmen an der Messe immer ganz bewusst als Familie teil und ich dankte Gott, dass mir das zuteilgeworden war, wofür ich in Tholey gebetet hatte.

Später sollte ich auch in dieser Kirche verzweifelt beten, dass uns dieses Glück wieder zurückgegeben werde.

Bei unseren Aufenthalten wohnten wir stets im Hotel Stadt Homburg, direkt unterhalb der Kliniken in der

Nähe des Homburger Waldstadions, der Heimat des FC Homburg, gelegen, der mir als Fußballfan natürlich vertraut war. Das Hotel wies neben Schwimmbad und Sauna vor allem eine exzellente, gehobene Küche auf, die wir bei jedem Aufenthalt genossen.

In diesem Hotel und auf Spaziergängen durch den nahe gelegenen Wald schrieb ich so manche Rede und manches Soloprogramm. Ich ging meist mit dem Notizblock durch den Wald, später hatte ich auch ein kleines Diktiergerät dabei. Dort sammelte ich Ideen und deklamierte zugleich meinen Text. Ich war froh und glücklich, wenn ich dann sonntags mit dem fast fertigen Ergebnis nach Hause kam.

Ein solcher Aufenthalt im Saarland war auch 2009 mein erstes Vatertagsgeschenk und ich sehe meine drei Monate alte Tochter Marie noch heute vor mir, wie sie an ihrem ersten Eis schleckte. Sie war auch einige Monate später mit dabei, als ich im Wald einen Kabarettvortrag für eine Tagung der Universität Hamburg auswendig lernte. Sie saß ruhig und andächtig vor mir und lächelte, als ob sie die Pointen schon verstand.

Im Jahr 2007 fuhr dann meine Mutter zum letzten Mal mit und weigerte sich von da beharrlich, uns zu begleiten, was mir bis heute unerklärlich ist, denn der Kontakt zu ihrer Freundin riss nicht ab. So besuchten wir Gertrud ab 2010 mit unserer Familie und genossen besonders die Vorweihnachtszeit, wenn ein Nikolaus scheinbar mit seinem Rentierschlitten über die Dächer Saarbrückens glitt. Hierzu wurde immer eine Nikolausfigur über den Häusern an Schienen befestigt, aber das Staunen der Kinder übertraf die Wirklichkeit.

Diese wunderbare Idylle trübte sich, als Gertrud zunehmend dement wurde, uns aber dennoch bei jedem Besuch erkannte, selbst im Winter 2013 bei einer der letzten Reisen vor unserer Ehekrise.

In der Vorweihnachtszeit 2013 konnte ich aber Gertrud telefonisch nicht erreichen und machte schließlich ihre Schwiegertochter in einer Schule in Homburg ausfindig, die mir mitteilte, dass sie nun in einem Altenheim wohnte. Ich nahm mir vor, sie möglichst bald zu besuchen.

Es war die Karwoche 2014, als unsere Ehekrise auf ihrem ersten Höhepunkt angekommen war. Ich weilte nach der Fernsehaufzeichnung des Osterspecials allein in einem Saarbrücker Hotel (nach Homburg konnte ich emotional noch nicht) und Gertrud wohnte in einem Homburger Altenheim … Das Ganze fühlte sich an wie eine Mischung aus

Nostalgie, Verzweiflung und dem Versuch, „alles wieder gut zu machen“.

Ich glaube, ich hatte seit dem Selbstmordversuch meiner Mutter am Vorabend des Heiligen Abends 1999 nicht mehr so viel und verzweifelt gebetet wie in dieser Situation. Meine Mutter hatte ihn aus Verzweiflung begangen und ich habe damals verzweifelt gebetet. „Herr, ich werde alles tun, wenn du sie nur am Leben lässt.“ – Nach einem zweimonatigen Krankenhaus- und Reha-Aufenthalt kam meine Mutter gesund wieder nach Hause. Gott sei Dank!

In Bezug auf unsere Krise sah ich immer noch die Möglichkeit und sollte sie wohl viel zu lange sehen, die alten Verhältnisse wiederherzustellen, obwohl ich aber auch im Gebet fühlte, dass es so nicht kommen sollte.

Besonders verzweifelt und innig betete ich bei der Karfreitagsliturgie in einer Saarbrücker Kirche. Vorher hatte ich Gertrud in ihrem Altenheim besucht. Eine Pflegerin brachte mich zu ihr. Sie sagte: „Ich weiß nicht, ob sie sie erkennt.“ Ich betrat das Zimmer, Gertrud sah mich an und sagte: „Jürgen, wie geht es der Änne?“

Änne nannten die Wittlicher Schulkameraden meine Mutter, die seit zwei Jahren tot war. Ich verlor die Fassung. Vor Freude, dass sie mich noch erkannt hatte, und aus Trauer über meine Mutter und die ganze Situation. In dem sich anschließenden Gespräch merkte ich, dass Gertrud davon ausging, dass ich auch mit ihr im Kinderheim in Wittlich gewesen war. Da ich durch meine Mutter so ziemlich alle ehemaligen Mitschülerinnen kannte, konnte ich mich so mit ihr einigermaßen normal unterhalten. Ich besuchte sie zweimal, nach den Besuchen war ich immer fix und fertig, aber fühlte mich auch innerlich gestärkt.

Gertrud sollte noch bis zum Oktober 2016 leben, ich habe sie noch mehrmals im Heim besucht. Ich nahm auch an ihrer sehr würdigen und gefühlvollen Beerdigung teil. Seitdem besuche ich bei jedem Saarlandaufenthalt ihr Grab, es ist immer eine Rückkehr in die Vergangenheit und ein Stück Erinnerung an meine Mutter.

*

Am Karsamstag 2014 fuhr ich nach Hause und besuchte auf dem Heimweg das Kinderheim in Wittlich, in dem meine Mutter gewesen war. Am Spätnachmittag waren wir als Familie wieder vereint und sahen uns abends die Übertragung des Osterspecials an, das mit circa 700.000 Zuschauern ein überwältigender Erfolg wurde.

Wir freuten uns, einander zu sehen, gingen auch liebevoll miteinander um und fühlten doch: Es wird nicht mehr so wie zuvor.

Zwei Tage später, am Ostermontag, brach die Lawine über uns herein: Meine Cousine schrieb mir per SMS, dass das Gerede losgegangen und die Krise nun in der Öffentlichkeit angekommen sei. Meine Frau zog noch am selben Abend zu ihrer Mutter und suchte ab da eine Wohnung oder ein Haus, das sie dann auch wenig später fand und bezog.

Knapp zehn Jahre nach unserer Hochzeit und nur ein gutes Jahr nach unserer triumphalen Jubiläumsfeier war das Unvorstellbare eingetreten: Wir wohnten getrennt und ein neuer Mensch war in das Leben meiner Frau getreten.

Ich lernte da nicht zum ersten Mal, aber nun in besonderer Deutlichkeit und Schmerzlichkeit, dass wir das Leben vor allem so anzunehmen haben, wie es ist, und betete: „Herr, dein Wille geschehe, aber bitte, gib mir auch die Kraft dazu, die Last zu tragen!"

Trotz allem musste ich in dieser Lage und Stimmung auch auftreten und hatte in dieser schweren Zeit vor allem zwei Stützen: Unsere Haushälterin,

Frau Stadie, die zu jeder Tages- und Nachtzeit auch als Sitterin zur Verfügung stand und uns aus mancher verzweifelten Lage half. Und meinen Freund und Manager Joachim Badorek, der sein Amt in der schwierigsten Lage übernahm und als Seelsorger (zum Glück hatte er die Lehre beim Diakon Willibert Pauels absolviert), Hausmeister, Fahrer und Kinderbetreuer neben seiner schon genügend aufreibenden Tätigkeit als Manager fungieren musste. „Jogy" (in Anlehnung an Jogy-Bär) hat das alles bis heute mit Bravour gemeistert und wird von meiner Frau genauso geschätzt wie von uns beiden zusammen, weil er nie unfair urteilend Partei ergriff.

16. Die Kräfte reichen nicht mehr

So kämpfte ich nun an allen Fronten gleichzeitig. Meine Ziele waren klar: Ich wollte meine Frau zurück, ich wollte die alten Familienverhältnisse wiederherstellen und beruflich musste es natürlich auch weitergehen. Kurzum: Ich verbrachte so viel Zeit wie möglich mit meinen Kindern und versuchte mit meiner Frau wieder besser auszukommen, zumal wir beide fühlten, dass wir uns immer noch lieben – bis heute!

Das Problem bei dem Ganzen waren nur die Zeit und meine Kraft. Denn parallel zur privaten Situation war ich mit den Auftritten an der Obergrenze. Ich hatte drei bis vier Solo-Auftritte pro Woche und vor mir lag die erste Karnevalssession in Trennung.

Hinzu kam die emotionale Seite: Das Weihnachtsfest und Silvester 2014 waren so ziemlich die traurigsten und unfriedlichsten Festtage seit dem Tod meines Bruders. „Herr, was soll ich nur tun?", betete ich in der Christmette. Am Grab meiner Mutter erhielt ich immer dieselbe Antwort: „Bleibe bei deiner Familie!" Der Gedanke an eine neue Beziehung war bei mir allerdings auch so weit entfernt wie der Mond.

Mehr diszipliniert funktionierend als genießend brachte ich die Karnevalssession 2014/15 über die Bühne. Im Hintergrund stand immer die Ehekrise. Letztlich war ich am Abend des Karnevalssonntags froh, es geschafft zu haben: ein letztes „Alaaf!" im Maritim und wie immer, ein gemeinsames Kölsch mit meinem Fahrer Werner Gabauer.

Am späten Abend stand ich dann am Fenster meines Hauses, sah hinaus in den Garten und fragte mich: „Werde ich das wirklich alles verkraften?"

Nach einem Kurzurlaub in Norddeich wollte ich mit meiner Frau einen Neuanfang versuchen und gleichzeitig mit dem neuen Programm „Wie jeht et? – Et jeht!" beginnen. Aus heutiger Sicht war das völlig irrig und der Versuch der Quadratur des Kreises, aber ich befand mich damals mitten im Hamsterrad.

Am Mittwoch, den 4. März 2015 kam dann alles zusammen: Kinder versorgen, am Programm arbeiten, Besprechungen mit meinem Manager, die angesetzte Probe für die Vorpremiere am folgenden Tag, ...

„Wie jeht et? – Et …

Mir war nicht gut.

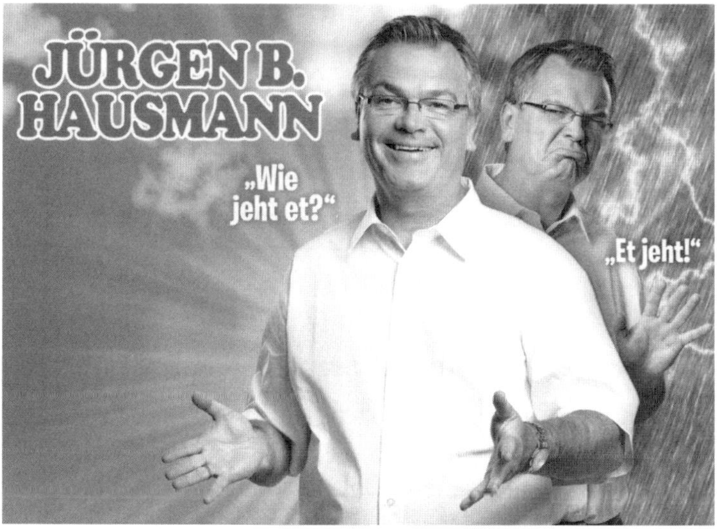

Als ich mittags vor der Grundschule stand, um meine Tochter abzuholen, sagte mein Körper laut und deutlich: „Nein! Jetzt ist Schluss!“

Ich brach zusammen und erwachte im Krankenhaus Bardenberg, in dem ich geboren worden und mein Vater gestorben war. Am Bett stand meine Frau und der Arzt fragte mich nach den Gründen für den Zusammenbruch: „Ehekrise und Stress und sicher auch eine dadurch bedingte ungesunde Lebensweise.“

Nach drei Tagen wurde ich entlassen und versuchte in der darauffolgenden Woche, den Alltag wieder aufzunehmen, was mir aber nicht gelang: Meine Kräfte reichten nicht mehr, ich brauchte professionelle Hilfe. Dieselbe Hilfe, die einige Zeit vorher mein Freund und Kollege Willibert Pauels in Anspruch genommen hatte, als er an einem Burn-out litt: das Alexianer-Krankenhaus in Neuss und sein Chefarzt Dr. Martin Köhne.

Im März 2015 trat ich meine Behandlung dort an und bezeichnenderweise brachte meine Frau mich hin. Auch sie sollte sich später einer Therapie unterziehen müssen.

Das Alexianer-Krankenhaus in Neuss liegt genau gegenüber der Stadthalle, in der ich schon oft aufgetreten war. Bei meinem ersten Spaziergang in die Stadt sah ich bezeichnenderweise ein Programmplakat von mir selbst dort hängen.

Ich wusste, dass diese Veranstaltung verschoben werden musste. Das aber war ein tiefer Stich ins Herz und ich hatte sogleich das Gefühl: „Du warst ganz oben und bist jetzt ganz unten!“ Es tat weh, aber zum Aufgeben war ich nicht bereit. Ich wollte kämpfen, auch und vor allem um meine Frau und meine Familie.

Ich ging mindestens zweimal am Tag in die Krankenhauskapelle, kniete und setzte mich auf den äußersten Platz in der letzten Reihe, der bis heute mein Stammplatz ist, und betete: „Jesus Christus und Maria, gebt mir meine Kraft und meine Familie zurück, ich werde alles tun. Lasst mich meine Fehler korrigieren." Aber auch: „Lasst meine Frau zur Einsicht kommen!"

Der Aufenthalt in der Gruppe, der geregelte Therapieablauf und vor allem die Therapiegespräche taten mir gut. Vor allem Dr. Köhne und sein Team, auch die Stationsleiterin Frau Brender-Brada, half und hilft (ich bin heute noch in ambulanter Behandlung bei ihm) mir, mich zu orientieren, ein neues Verhältnis zu meiner Frau zu finden und die Kinder nach Kräften zu unterstützen.

Auf der Station herrschte zu den Mitpatienten ein nahezu freundschaftliches Verhältnis, das sehr angenehm war, da man wusste, dass es sich – wenn auch in verschiedenen Formen und aus verschiedenen Gründen – um Leidensgenossen handelte.

Bei meinem ersten Spaziergang zum Rhein entwickelte ich einen Stufenplan, wie ich in mein normales Leben zurückkehren wollte:

- ein Neustart mit meiner Frau und den Kindern
- ein langsamer Wiederbeginn der Arbeit
- der Start des neuen Programms „Wie jeht et ? – Et jeht!"

Diesen Stufenplan habe ich nach meiner Rückkehr nach Hause umzusetzen versucht, aber das Kitten der Ehe beziehungsweise das Leben zusammen in einem Zuhause erwies sich als undurchführbar, zumal die andere Seite nicht nachgab.

Nach einer relativ kurzen Zeit in der Klinik, ziemlich genau vier Wochen, fühlte ich mich stark genug, wieder nach Hause zurückzukehren. Der Garten erstrahlte nach kurzer Zeit in neuem Glanz. Dort hatte mein Manager mithilfe meines Gärtners ein Schwimmbad mit Überdachung gebaut, das ich in Kombination mit der Sauna bis heute fast täglich nutze.

Den Rat Dr. Köhnes, mich von meiner Frau zu trennen, hatte ich nicht angenommen. Wir liebten und lieben uns noch immer, wenn auch anders, aber es sollte ein bitterer Weg von Verletzungen werden, den man sich und den Kindern besser erspart hätte.

Die Klinik in Neuss ist mir seitdem eine Kraftquelle geworden. In unregelmäßigen Abständen (meist im Sechs- oder Achtwochentakt) spreche ich dort mit Dr. Köhne über meine aktuelle Situation, bete vorher und nachher in der Kapelle und komme stets gestärkt und neu aufgestellt wieder nach Hause zurück. Manchmal gehe ich auch im Stadtpark spazieren oder besuche die Stadt.

Ein besonderer Moment des Triumphes aber fand genau an der Stelle meines Tiefpunktes im Dezember 2015 statt: Ich holte die im April verschobenen Veranstaltungen nach. Vor den Auftritten ging ich hinüber in die Marienkapelle, dankte Gott, dass das wieder möglich war, und bat ihn um Beistand für meine Auftritte.

Zu Pausenbeginn bezog ich das Publikum ganz offen und ehrlich in meine Gefühle und Erlebnisse mit ein: „Hier habe ich vor einem halben Jahr, als ich im Alexianer-Krankenhaus war, vor den Plakaten gestanden und gehofft und gebetet, dass es wieder so schön wird, wie es heute ist!" Die Reaktion des Publikums war eine Mischung aus Empathie, Rührung und Ovation. Ich glaubte, Gottes Hilfe und Fügung gleichsam mit den Händen greifen zu können.

*

Der Weg dorthin war allerdings zäher und schwerer gewesen, im Alltag war es ein schweres Ringen und

Nicht-loslassen-Können, aber meine Kinder Marie und Lukas gaben mir mehr Kraft, als sie mir nahmen und sind der Mittelpunkt meiner Liebe und meines Lebens.

Langsam nahm ich auch die Arbeit wieder auf und mein Freund und Berater Claus Schmitz führte mich durch eine einfühlsame und filigrane Probenarbeit wieder an die Auftritte heran.

Am 1. Juni 2015 stand ich nach dreieinhalb Monaten wieder auf der Bühne. Bei einer Sachverständigentagung hielt ich eine halbstündige Rede, die sehr gut ankam. Innerlich aber war es, vor allem in Erinnerung an meinen Zusammenbruch, ein Inferno:

„Stehe ich das durch? Körperlich und seelisch? Wie kommt mein Vortrag an? Ist das ein Neubeginn oder ein weiterer Rückschritt?" Ich hatte Lampenfieber wie vor meinen größten Auftritten im Fernsehen oder bei den Vorstellabenden im Kölner Karneval. Am Ende hatte ich es aber geschafft: Das Publikum jubelte und forderte sogar eine Zugabe. Entsprechend dem Lampenfieber war ich auch in einer Feierstimmung, die eigentlich über das Maß des Auftrittes hinausging, aber es blieb einfach das Gefühl, in vielfacher Hinsicht: „Du kannst es noch!"

Das sollte sich auch wenige Tage später bewahrheiten, als ich in meinem Heimatort Alsdorf-Ofden vor kleinem Publikum die Vorpremiere meines Programms absolvierte. Natürlich war alles noch nicht perfekt und ausgegoren, aber die Grundstruktur kam an und war ein guter Grundstein.

Der Ort des Auftritts war das sogenannte „Schaffrathhaus", benannt nach dem Künstler Ludwig Schaffrath. Sein Wohnhaus und Atelier wurden nach seinem Tod von seiner Tochter und einem Trägerverein zu einem kleinen, aber sehr feinen Ausstellungs- und Auftrittsort ausgebaut. Diese Location liegt genau gegenüber unserer Pfarrkirche und vor jedem Auftritt im Schaffrathhaus (der immer gegen 11:30 Uhr beginnt) besuche ich vorher den Gottesdienst in der Pfarrkirche St. Barbara, so auch vor dieser Vorpremiere.

Nach der gelungenen Veranstaltung feierten wir zunächst im Kreis der Zuschauer und anschließend fuhr ich mit meiner Frau und den Kindern im Aachener Wald essen. Es war ein Moment der Idylle und Zufriedenheit, der die Alltagssorgen und -konflikte vergessen ließ.

17. Freude – Glaube – Trauer

Unser Haus, das wir im Dezember 2007 bezogen hatten, liegt in unmittelbarer Nähe zur Pfarrkirche St. Barbara, fußläufig gerade mal fünf Minuten entfernt. Von Anfang an habe ich dort (häufig in Begleitung meiner Frau, später auch der Kinder) sonntags die Heilige Messe besucht.

Die heilige Barbara ist die Schutzpatronin der Bergleute und mir, dessen Vorfahren bis hin zu meinem Vater meist Bergleute im Steinkohlenbergbau waren, besonders nah.

Alsdorf und sein Stadtteil Mariadorf waren über 150 Jahre vom Bergbau geprägt. Besonders in Erinnerung ist das schwere Grubenunglück vom 21. Oktober 1930, bei dem 279 Kumpels starben. Auch mein Vater erlebte ja 1962 als Schießmeister einen schweren Unfall, bei dem er verschüttet wurde und schwer verletzt überlebte.

In Sankt Barbara ist es auch die besondere Mischung aus christlichem Glauben und Verbundenheit zum lebensgefährlichen Bergbau, die einen in seinen Bann zieht und im Lied der heiligen Barbara Ausdruck findet:

Gebet an Sankt Barbara

Sankt Barbara, o halte Wacht,
wenn Fährnis sie bedroht;
es geht hinab zum tiefen Schacht,
dort lauert oft der Tod.

St. Barbara, hör‘ unser Fleh’n,
wenn nachtumhüllt voll Graus,
die bösen Wetterschwaden weh’n,
o breit den Mantel aus!

Sankt Barbara, o halte Wacht,
führ‘ gnädig sie empor
zu Weib und Kind aus Grubennacht,
zum lichten Tagestor![9]

Thea Keutmann

Diese Kirche ist meine geistliche Heimat, hier habe ich am 24. Juli 2004 meine Frau geheiratet, hier sind 2009 und 2010 unsere Kinder getauft worden und hier wurde am 7. Mai 2012 die Auferstehungsmesse für meine Mutter gefeiert.

Seit 2014 war die Kirche für mich aber vor allem ein Ort der Bitte und der Kraftsammlung, um die schweren Prüfungen zu überstehen. Ich habe hier oft gestanden oder gekniet und Gott um Verständnis für die Situation gebeten. Dabei hatte ich immer das Bild vor Augen, als ich vorne am Altar wartete und meine wunderschöne Frau an der Hand ihres Vaters zu mir kam. Ebenso kamen mir die beiden Taufen in Erinnerung. Das konnte doch nicht alles vorbei sein, oder?

Trotz unserer Krise feierten wir hier 2017 und 2019 sehr schöne Erstkommunionfeiern unserer Kinder. Und beide Male fungierten meine Frau und ich trotz unserer räumlichen Trennung als Katecheten und hatten viel Freude am Kommunionunterricht.

18. Aus Liebe wird Freundschaft

Für Außenstehende mag es komisch oder unglaubwürdig klingen, für Menschen, die Ähnliches erlebt haben, aber vielleicht nicht: Wir lieben uns noch immer und fühlen eine tiefe Verbundenheit, nicht nur, aber gerade durch die Kinder. Es ist ein wenig so wie nach dem rheinischen Spruch: „Ich kann nicht mit ihr, aber auch nicht ohne sie."

In einem für alle Beteiligten schmerzlichen Prozess musste meine Frau feststellen, dass ihre Zuneigung zu Frauen ein Weiterleben unseres alten Familienlebens unmöglich machte. Doch trotz der räumlichen Trennung sehen wir uns fast täglich. Und unsere Kinder haben uns beide, auch wenn wir nicht mehr unter einem Dach leben – zumindest nicht ständig. Es ist eine neue Form von Familienleben und Harmonie entstanden, die wir alle nicht erwartet hätten, für die es aber durchaus mehr Beispiele gibt, als man denkt.

Dass ein Partner oder eine Partnerin – oft nach Jahrzehnten – feststellt, dass seine/ihre homosexuelle Prägung beziehungsweise Neigung überwiegt, ist gar nicht so selten. Es führt fast immer zu einem Erdrutsch, häufiger aber auch zu einem „modus vivendi", mit dem alle (gut) leben können. Der Schlüssel bei uns lag in der neuen Beziehung meiner Frau, die den Schmerz, die Eifersucht und die Verletzungen relativierte. Es ist sowohl eine Freundschaft zu meiner Frau, als auch zu ihrer Partnerin entstanden, die den Alltag nicht nur erträglich, sondern schön und lebenswert werden lassen. Und wer weiß das nicht? Ohne Probleme geht es nirgends zu.

Es herrschen nun zwei Worte vor, die vielleicht wichtiger für das Glück sind, als wir oft denken: Frieden und ZuFRIEDENheit. Und Frieden kommt ja auch aus Gott, den ich in den letzten Jahren oft gefragt habe, was er mit mir vorhat.

Dadurch hat sich auch meine Glaubens-, Gebets- und Lebenseinstellung verändert. Im Vaterunser heißt es eben „Dein Wille geschehe ..." und nicht „Dein Wille geschehe nach unseren Plänen", die sich oft auf Dinge oder Zeiten beziehen, die so gar nicht eintreten werden. Wie John Lennon sagte: „Leben ist das, was stattfindet, während wir andere Pläne machen!"

Glück, das habe ich gelernt, liegt oft in den (gar nicht so) kleinen Dingen des Alltags. Wenn beispielsweise mein Sohn eine schlagfertige und lustige Antwort gibt oder meine Tochter lächelnd und voller Begeisterung tanzt und singt. Darin liegt oft mehr Glück als im größten beruflichen Erfolg, materiell gesehen sowieso.

Für diese Dinge, für Blicke in die Natur, ja auch für das Gefühl „Zuhause" hat die Krise meinen Blick geschärft, für meine Gesundheit sowieso. Materiell haben wir doch sowieso meistens alles, was wirklich wichtig ist. Wir müssen nicht um unsere Ernährung oder Wohnung kämpfen, das hat uns doch gerade auch die Flutkatastrophe gelehrt, wie es wirklich aussieht, wenn das mal wegbricht. Und seit Corona fragen wir uns (hoffentlich) stärker, ob wir wirklich ständig unterwegs sein müssen (z. B. mit Kurzstreckenflügen) und nach irgendetwas jagen müssen.

Einmal antwortete eine 100-jährige Frau auf die Frage nach dem Glück Folgendes: „Glück ist, all' das zu erkennen und mit dem zufrieden zu sein, was man hat, nicht immer nach dem zu streben, was man gar nicht braucht." Oder um es mit den Worten des römischen Dichters Horaz zu sagen:

„Glücklich der Mensch,
glücklich er allein,
der das Heute ganz besitzen kann,

der in sich ruhend sagen kann:
‚Das Morgen, sei es noch so schlimm,
ich habe heute gelebt!'"

Oder simpler und anschaulicher mit den Worten vom Lehrer Lempel ausgedrückt, als dieser nach dem sonntäglichen Orgelspiel in der Kirche zu Hause seine Pfeife raucht: „Ach, die größte Freud' ist doch die Zufriedenheit."

19. Lachen – der Dank des Publikums

Vielleicht habe ich es manchmal leichter zufrieden zu sein trotz aller Schicksalsschläge und Widrigkeiten, die ich erlebt habe, weil Gott mir eine Gabe mitgegeben hat, die vieles relativiert und zum Guten wendet: Ich kann die Menschen zum Lachen bringen und zwar oft, viele und andauernd. Natürlich sind auch beim Humor die Geschmäcker verschieden und der eine oder die andere können mit meinem Humor absolut nichts anfangen oder lehnen ihn sogar als altmodisch, dörflich oder zu karnevalistisch ab. Das ist menschlich und legitim, ich selbst habe ja auch meine Präferenzen: Ich finde beispielsweise den Humor von Peter Frankenfeld, Heinz Ehrhardt oder Konrad Beikircher besonders gut, ich mag aber keinen Humor, der zu sehr unter die Gürtellinie geht und Tabus (die zumindest mal solche waren) bricht.

Ich habe meine Gabe in dieser Richtung schon in meiner Kindheit bemerkt, wenn ich unter Freunden oder in der Familie lustige Begebenheiten, sprachliche Eigenheiten und natürlich auch Witze erzählte

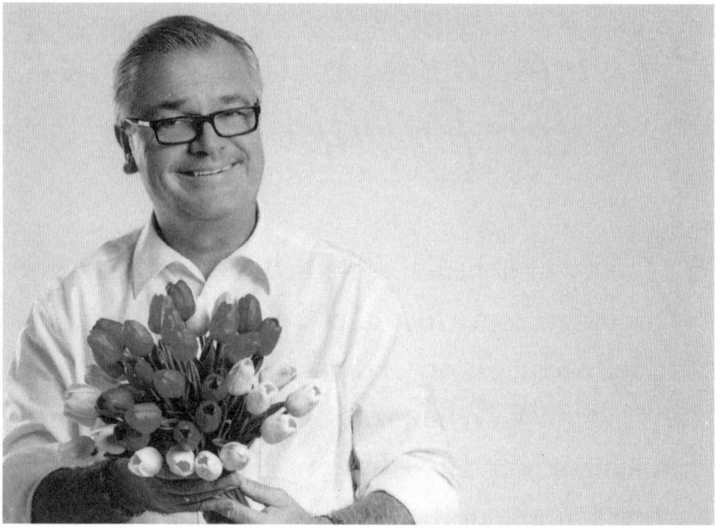

und meine Umgebung lachte. Ich parodierte dann Tanten wie Onkel, ihre Sprache und Gewohnheiten sowie Erlebnisse und schon damals bogen sich bisweilen die Betroffenen und ihr Umfeld vor Lachen. Man staunte darüber, wie genau ich die Menschen beobachtete, ihre Äußerungen und Eigenarten wiedergab.

Damals war es übrigens keineswegs üblich, dass man als Kind auf Familienfeiern an den Gesprächen „der Großen“ teilnahm, geschweige denn, dass man sich mit ihnen unterhielt oder sie bespaßte. Wir „Kleinen“ saßen meist an einem separaten Tisch, tranken Kakao und aßen „Schokoflockina“ und sollten ja miteinander spielen. Wenn man sich dann traute, in das Gespräch der Großen einzugreifen, galt man als „vorlaut“ oder „altklug“. Worte, die ich in meiner Kindheit mehr als genug zu hören bekam. Bisweilen nannte man mich auch „aufgeweckt“, womit ich allerdings nichts anfangen konnte.

So „aufgeweckt“ trug ich im November 1973 auf der Namenstagsfeier meiner Tante Käthe (Patronat 25.11.) meinen ersten Witz vor, nachdem die Erwachsenen mehrere Witze zum Besten gegeben hatten. Nach meinem Einleitungssatz „Ich möchte auch mal einen Witz erzählen“ wurde es zu meiner Überraschung mucksmäuschenstill.

Ich erzählte einen Witz, dessen Inhalt und damit Zweideutigkeit wie Wirkung ich nicht im Geringsten verstanden hatte. Ich hatte lediglich miterlebt, wie ein älterer Mitschüler diesen Witz erzählt und schallendes Gelächter geerntet hatte:

Eine dicke Frau kommt zum Arzt und sagt: „Herr Doktor, ich möchte abnehmen, am besten durch Sport, wie geht das am schnellsten?“ Der Doktor antwortet: „Dann müssen sie nackt Trampolin springen, dann verlieren sie am schnellsten Fett.“

Eine Woche später kommt die Frau zum Arzt zurück, deutlich dünner, aber mit zwei blauen Augen (Veilchen).

Der Arzt sagt: „Sie haben aber gut abgenommen, aber woher kommen denn die Veilchen?“

Die Frau antwortet: „Herr Doktor, ich habe ihren Rat befolgt, aber ich habe Hängebrüste und die schlagen mir immer auf die Augen!“

Ich habe als Kind den Witz nicht verstanden, ich wusste nicht, was Hängebrüste sind und konnte auch das Niveau der Pointe nicht beurteilen. Bei der Erzählung war ich schon allein ins Schwitzen geraten und dann wurden noch meine Beine weich, gerade weil die Erwachsenen so still und aufmerksam zuhörten. Ihre Reaktion aber hätte ich im Traum nicht erwartet, zumal meine Mutter während der Erzählung des Witzes knallrot geworden war und die Augen verdreht hatte (was übrigens ein Markenzeichen für sie war): Es brach ein schallendes Gelächter aus, meiner Tante liefen die Tränen die Wangen herunter und sie bekam kaum noch Luft.

Anschließend fragte man mich, den Neunjährigen, genüsslich nach den inhaltlichen Details, amüsierte sich aber umso mehr weiter, als man merkte, dass ich den Witz überhaupt nicht verstanden, wohl aber gekonnt erzählt hatte.

Ich möchte dieses Erlebnis nicht als Erweckungs-, schon aber als Schlüsselerlebnis bezeichnen. Denn von da an war ich beim Witzeerzählen kaum zu bremsen, ich trug bei Festen ganze Passagen von Heinz Erhardt vor und zeigte damit zwei weitere Eigenschaften, die mir heute zugutekommen: das Auswendiglernen und meine Textsicherheit.

*

Letztlich war es aber ein anderes Gefühl, das überwog und mich zu dem führte, was ich heute tue: Ich merkte, ich konnte Menschen zum Lachen bringen, machte sie für einen Moment sorglos und glücklich, und sie dankten mir dies durch Beifall und Anerkennung.

So ist es auch heute und so war es selbst in den schlimmen Momenten der Krise: Wenn man auf der Bühne steht und die Menschen lachen hört und spürt, dass sie sich freuen und fröhlich (vielleicht auch) glücklich sind, ist das ein unbeschreibliches Glücksgefühl, zumal ich ja die Texte selbst erdacht und geschrieben habe. Ja, das kann ich, Gott sei Dank.

Ich bete vor jedem Auftritt, denn ich leide nach wie vor wie jeder Künstler unter Lampenfieber und fürchte, dass der Auftritt danebengeht, und ich danke Gott nach jedem Auftritt, wenn er denn doch geklappt hat. Dennoch gibt es eine Fülle von kuriosen und auch seltsamen und bemerkenswerten Auftritten, wo Gott vorher oder nachher augenzwinkernd zugesehen hat und mich auf eine besondere Probe stellen wollte oder mir auch gezeigt hat: Das kannst du besser.

Kein Komiker hat immer Erfolg oder immer nur gute Auftritte, das behaupten nur die, die es nicht können. Hier einige Anekdötchen, Kuriosa und High- sowie Downlights aus 45 Jahren Bühnenerfahrung:

- Meine erste Büttenrede war wirklich eine „Bütten"-Rede, denn ich hielt sie vor meiner damaligen Klasse, der Sexta (lateinische Bezeichnung für 5. Klasse) A, im Partykeller eines Freundes. Meine Bütt war wirklich eine Bütte (also eine Wanne), eine Kinderbadewanne, die man mit Luftschlangen geschmückt hatte. Einfach, aber treffend, passend und irgendwie genial.

- Nachdem ich 1988 zum ersten Mal in meinem Heimatort Mariadorf beim Pfarrkarneval aufgetreten war, häuften sich die Anfragen von Vereinen und Privatpersonen bei Jubiläen, Festen und

Turnieren aufzutreten. Und dafür bekam ich auch noch Geld. Ich konnte mein Glück kaum fassen.

Im Spätsommer 1988 klingelte dann der Vorsitzende des örtlichen Invalidenvereins bei uns zu Hause an der Tür, meine Mutter und ich waren gerade beim Kaffeetrinken.

Er fragte mich, ob ich bereit sei, bei der Feier des Vereins etwa eine Stunde aufzutreten. Meine Antwort war ebenso ehrlich wie überraschend: „Eine Stunde? So viel Material habe ich leider noch nicht." Der Mann antwortete unbeeindruckt: „Dann schreib' doch noch was, die Leute freuen sich. Bist du mit 300 Mark einverstanden?"

Ich war fassungslos: Ich bekam damals rund 400 Mark Bafög und dazu eine Halbwaisenrente und jetzt 300 D-Mark für eine Stunde? Ich sagte zu, ohne genau zu wissen, was ich vortragen sollte (das sollte mir noch öfters so gehen). Der Mann ergänzte ernsthaft: „Du kannst auch mit uns Kaffee trinken, du musst aber Teller und Tasse mitbringen." – Das also sollte mein erstes Catering bei einem Auftritt sein.

Als der Auftritt dann anstand, war ich so nervös wie selten zuvor. Teller und Tasse nahm ich nicht mit, da es mir komisch vorkam, mit Teller und Tasse durch den Ort zu spazieren. Als ich den Saal betrat, bemerkte der Vorsitzende sofort mein fehlendes Geschirr und sagte: „Hast du kein Service mitgebracht?" Und an seine Frau gewandt richtete er sogleich die Aufforderung: „Hilde, iss mal schneller, Jürgen braucht Geschirr!"

Das Geschirr wurde natürlich zwischendurch gespült und der Auftritt ein großer Erfolg. Hinten im Saal stand aufmerksam lauschend mein Onkel, ein Bruder meines Vaters, der mich auch nach Hause fuhr. Er staunte über den Erfolg und war fassungslos über die Gage. Aber die beste Pointe hatte der Vorsitzende geliefert.

Die Idee zu meinen sogenannten „Kurzauftritten", also Reden oder Auszügen aus den Kabarettprogrammen hatte übrigens mein Freund und Steuerberater Dieter Dujardin, als ich 1988 das Priesterjubiläum unseres Ortspfarrers moderiert und eine Rede gehalten hatte. Er sagte: „Damit kannst du das ganze Jahr Geld verdienen, nicht nur im Karneval." Auf meine erstaunte Nachfrage antwortete er: „Ich besorge dir Auftritte in meinem Tennisverein, bei Geburtstagen, Jubiläen, Hochzeiten usw." Er hat bis heute Wort gehalten und ich habe durch ihn und Hunderte Auftritte den Grundstein für die spätere Karriere gelegt.

Ein Anfang war der jährliche Auftritt beim Abschlagsball seines Tennisklubs, bei dem ich immer Ereignisse und Personen des abgelaufenen Tennisjahres in Reimform persiflierte. Man wartete später förmlich auf meinen Auftritt und registrierte genau, wer, wie, wann und wo erwähnt worden war. Das Publikum dieses Abschlagsballs bildete später auch den Kern meines Kabarettpublikums.

Vorbereitet wurde diese Rede immer in einem „Gremium", das sich beim Bier traf und mir Ereignisse vortrug, die ich zu Stichworten verarbeitete. Einmal trafen wir uns zu dieser Vorbereitung im Wintergarten des Vereinswirtehepaars, der durch einen Kaminofen etwas überheizt war. Außerdem gab es zum Bier einen selbstgebrannten Schnaps, der die Redevorbereitungen zu ungewohnter Fröhlichkeit trieb. Der Abend endete relativ früh mit Witzen und Gesang, wir fuhren nach Hause und ich ließ bezeichnenderweise meine Aufzeichnungen liegen.

Einige Tage später trafen wir uns wieder zur Redevorbereitung, der Kaminofen blieb aus und wir tranken Sprudel. Die Rede wurde ein voller(!) Erfolg.

So zogen sich die Kreise der Auftritte immer größer, von Alsdorf über Eschweiler, Aachen schließlich nach Köln. Ich bin, wie die meisten meiner Kollegen, die heute in Köln im Karneval und Kabarett mitmischen, durch alle Säle, Zelte und Auftrittsorte gegangen, habe große Erfolge, aber auch bittere Niederlagen erlebt und vor allem eine Standfestigkeit und Wandelbarkeit bekommen, die mich auch bei härtesten Bedingungen bestehen lässt.

Einige Kuriositäten seien herausgegriffen, weil sie das Salz in der Suppe des Künstlers sind:

- Bei einer Herrensitzung, die um 11:11 Uhr begonnen hatte, trat ich gegen 15 Uhr auf, was bedeutete, dass das Publikum mich nur noch sehr bedingt wahrnahm. Ich schaffte es aber, den Auftritt – sagen wir mal „ordentlich" – über die Bühne zu bringen. Anschließend kamen ein paar Männer mit mir heraus, die ein Autogramm oder ein Selfie wollten. Einer war schon sichtlich angeschlagen, als er mich nach einem Selfie fragte. Dann stellte er sich mir gegenüber hin, fotografierte sich selbst und ging wieder in den Saal. Wir haben den ganzen Sonntag darüber schallend gelacht.

- Bei einem Herrenfrühschoppen traf ich auf ähnliche Bedingungen, die Herren hatten morgens

„Hämmchen“ (in Köln heißt so das Eisbein) gegessen und bereits diverse Bierchen und Schnäpschen getrunken, als ich um die Mittagszeit die Bühne betrat. Und genau dieses „betreten“ war mein Schlüssel zum Glück, denn ich hatte die oberste Stufe übersehen und fiel auf die Bühne. Unter dem Gelächter des Publikums, das mich nun doch bemerkt hatte, ging ich ans Mikro und sagte: „Ich wollte mal eine neue Auftrittsart probieren.“ Ab da hatte ich gewonnen und konnte mit meiner Rede noch einen passablen Erfolg verbuchen.

Der Vorfall erinnert mich übrigens an den großen Hans-Joachim Kulenkampff, eines meiner Idole. Bei der Moderation des „Frankfurter Weckers“ war ihm beim Betreten der Bühne das gleiche Missgeschick passiert und er hatte schlagfertig pariert: „Beim Aufschlag meines Kopfes auf die Bühne war es sechs Uhr fünfundvierzig.“ So etwas muss man können!

- Seit 2006 nehme ich bei meinem Heimatradiosender Antenne AC eine Kolumne auf, in der in circa anderthalb Minuten alle möglichen Themen von Alltag über Sport, Politik und Showbusiness behandelt werden. Bei dieser Kolumne wurde ich als „Hausmann" im doppelten Sinne des Wortes einmal verlost: Der Gewinner erhielt einen Auftritt von mir bei sich zu Hause und ich sollte zugleich das Badezimmer putzen. Es war wohl das kleinste Publikum, vor dem ich je aufgetreten bin: Im Wohnzimmer saßen vier Leute, man verzichtete bewusst auf das Badezimmerputzen, wollte aber den Soloauftritt haben. Ich trank eine Flasche Bier gegen das Lampenfieber und absolvierte dann meinen Auftritt, der sowohl mir als auch der „Zuschauerschar" großen Spaß bereitete.

- Einmal trat ich bei einem Polterabend auf der Ladefläche eines Lkws auf, der einem Freund gehörte, der eine Umzugsfirma hat. Zum Auftritt wurde die Ladefläche herabgefahren, am Ende wurde ich wieder nach oben gebeamt. Das war fast so lustig wie der ganze Auftritt. Zum Abschluss fiel mir spontan der Gag ein: „Und morgen treten wir mit unserem Spaßmobil auf dem Aachener Wochenmarkt auf!" Dann wurde die Ladefläche hochgefahren und das Publikum bog sich vor Lachen.

- Vor einem Auftritt in einem Landschulheim in der Eifel machten meine Frau und ich eine ausgiebige Wanderung, natürlich in sportlich-lässiger Kleidung. Zum Auftritt selbst mussten wir aber in Gala-Garderobe erscheinen, also fuhren wir in ein abgelegenes (so dachten wir) Waldstück und zogen uns dort um. Damit zogen wir das Interesse einer Kuhherde auf uns, die immer näher kam und uns in Unterwäsche beobachtete. Als die Kühe sich bedenklich näherten, ergriff uns doch ein wenig Panik und wir vollendeten die „Kostümierung" im Auto.

- Nach einem Auftritt in Hamburg, bei dem wir in der Hafenstadt übernachtet hatten, mussten meine Frau, unsere acht Monate alte Tochter und ich zu einem Auftritt nach Bonn zur Eröffnung einer Großkirmes. Natürlich kamen wir in einen Stau. Dann rief der Programmplaner an und fragte: „Wo seid ihr, in Köln?" Wir antworteten wahrheitsgemäß: „In Münster!" Das ließ ihn zunächst amüsiert lachen, bis er begriff, dass es die Wahrheit war und den gesamten Auftrittsplan durcheinanderbrachte. Wir wurden schließlich am Ende mit einer Polizeieskorte bis vor das Zelt geleitet und ich absolvierte, etwa eine Stunde zu spät, meinen Auftritt.

Das Bild des Tages war aber ein anderes: Meine Tochter, die noch keinen Meter maß, trank aus einem Maßkrug voller Begeisterung Limonade. Dieses Bild und die Antwort „Münster" sind bis heute legendär. Noch später fragte mich der betreffende Programmplaner immer, wenn er auf mich wartete: „Bist du schon in Münster?"

- Bei einem Geburtstagsauftritt hatte ich einen besonders feurigen Auftritt. Während meiner Rede traf mich von hinten ein Bierschwall und ich wollte den „Spender" gerade für bekloppt erklären, als man mir sagte, dass mein Sakko sich an einem Armleuchter entzündet hatte. Der andere Armleuchter hatte mir also quasi das Leben gerettet und ich Armleuchter hatte zu nah am Armleuchter gestanden. Der Auftritt wurde jedenfalls ein voller Erfolg.

Es gibt aber auch besinnlichere oder gar ernste Auftritte von mir …

22. Der andere Hausmann: von der Bibelstunde zur Trauerrede

Als Redner ist man nahezu bei allen Anlässen gefragt: Hochzeiten, Geburtstage, Schützenfeste, Jubiläen und so weiter. Doch meine religiöse Ausrichtung hat mich auch ganz andere Dinge machen lassen, die zum Teil buchstäblich todernst sind.

Ich bin in meiner Heimatpfarre seit 2009 als Kollektor und seit 2012 auch im Pfarrgemeinderat tätig. 2010 kam der Leiter der Pfarrbücherei auf die Idee, ich könnte doch einmal eine lustige oder humorvolle Bibellesung machen. Ein Wunsch, dem ich gerne nachkam. Es war dann aber doch etwas ganz anderes, die Bibel zu lesen und humorvolle Stellen auszuwählen und entsprechend zu interpretieren und präsentieren, als ein kabarettistisches Programm darzubieten. Es war eine schmale Gratwanderung und die Stimmung war am Anfang durchaus abwartend und skeptisch. Es gab zwar insgesamt deutlich weniger schallendes Gelächter als bei einem normalen Auftritt, dafür aber umso mehr anerkennenden Beifall und liebe Worte.

Das galt auch, als ich aus Anlass des Pfarrfestes 2015 einmal gepredigt habe. Ich habe dabei ge-

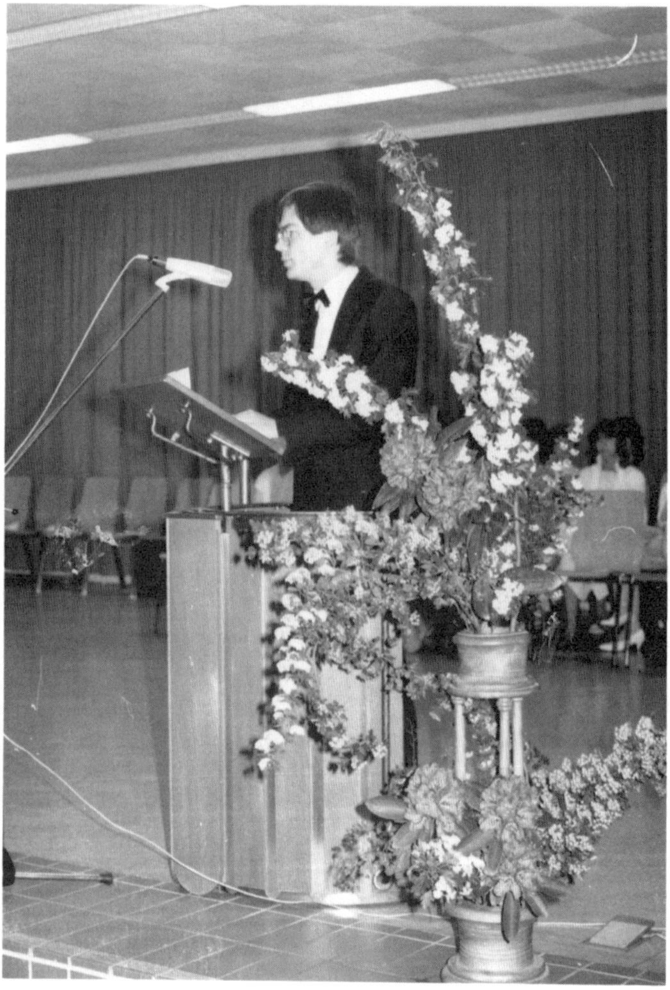

merkt, dass Rede eben nicht Rede ist und wie viel Mühe und Einfühlsamkeit die Priester bei dem Erstellen und Vortragen ihrer Predigten aufwenden müssen. Das habe ich besonders festgestellt bei einigen „freien Trauungen“, die ich gehalten habe und wo mich doch ein seltsames Gefühl beschlich, da ich ja weder Standesbeamter noch Priester war.

Ich versuche in diesen Fällen meist eine Gratwanderung zwischen Humor und Andacht und habe Gott dabei im Kopf und im Herzen. Das gilt besonders auch, wenn man mich bittet, eine Trauerrede zu halten, was hin und wieder vorkommt.

Nur ein einziges Mal habe ich mich selbst um eine Trauerpredigt beworben, und zwar bei der Beerdigung des ehrwürdigen Pater Schmitz, den ich ja in einem vorigen Kapitel eingängig beschrieben habe. Die Trauerrede für Pater Siegers habe ich ja bereits erwähnt. Ansonsten lautet die Bedingung dafür, dass ich die Trauerrede halte, dass ich die Person gekannt habe oder ihr gar eng verbunden war. Das macht allerdings die Aufgabe nicht leichter.

Erst in diesem Jahr habe ich da ein besonderes Beispiel erlebt, als ein Bekannter in unserem Dorf im Alter von 56 Jahren plötzlich tot aufgefunden wurde. Die Familie besaß im Schwarzwald ein Ferienhaus, in dem wir oft zu Gast waren. Ich war überrascht von dem Wunsch, dass ich die Trauerrede halten sollte, bin ihm aber gerne nachgekommen. Es war eine bewegende Trauerfeier, bei der aber auch einige lustige Momente aus dem Leben des Verstorbenen zum Tragen kamen.

Es ist eine schmale Gratwanderung zwischen Lachen und Weinen, die keiner besser beherrscht als mein Kollege und Freund Willibert Pauels, der „Bergische Jung", dem ich immer mit Andacht und Begeisterung zuhöre, selbst wenn wir gemeinsam auftreten. Das lässt mich jetzt auch den Blick auf einige Kollegen und Weggefährten richten, die mir im Laufe der Jahre besonders wichtig waren und sind.

*

Natürlich gibt es im Showgeschäft, vor allem im Karneval, Neider, Nörgler, Intriganten und so weiter. Ob das mehr sind als in jeder anderen Branche, wage ich nicht zu beurteilen. Es gibt aber auch sehr nette und hilfreiche Freunde und Wegbegleiter, quasi Leidensgenossen, die man unterwegs kennengelernt hat und auf die man nicht verzichten möchte.

Gerade im Zusammenhang mit Gott und der Religion, aber auch in Bezug auf die Höhen und Tiefen des Lebens ist hier Willibert Pauels zu nennen. Wir haben uns 2006 im Kölner Karneval kennengelernt, ab 2007 durfte ich kurze Auftritte in seinen Solo-Programmen absolvieren und wir sind uns über die Jahre immer näher gekommen, weil uns auch ein tiefer Glaube verbindet. Zudem lagen unsere persönlichen Tiefpunkte zeitlich wie örtlich eng beieinander. 2012 wurde Willibert Pauels im Kölner Karneval übel gemobbt und quasi „kaputtgeschrieben". Dennoch absolvierte er geradezu heldenhaft die Session, ihm schlug auch eine Welle der Sympathie und Solidarität entgegen.

Als er jedoch die Session 2013 vorbereiten wollte, sträubten sich Seele und Körper gegen die anstehende Herausforderung, die ihn 2012 an den Rand des Erträglichen gebracht hatte. Er suchte und fand Hilfe im Alexianer-Krankenhaus in Neuss, bei Dr. Köhne, der ihm vor allem riet, dem großen Karneval Adieu zu sagen, die Auftrittszahl deutlich zu reduzieren und sich auf kleine und feine Acts zu beschränken.

Meine Frau und ich besuchten ihn im August 2012 in Neuss, dabei war auch sein Freund und Fahrer Joachim Badorek, inzwischen mein bester Freund und Manager.

Ich hätte zu diesem Zeitpunkt im Traum nicht daran gedacht, dass im April 2015 die ganze Situation genau umgekehrt sein sollte. Dass mich Joachim Badorek und Willibert Pauels in Neuss besuchen würden, weil ich, bedingt durch unsere Ehekrise, an einem Burn-out litt.

Gerade eine Ehekrise hätte ich einst für völlig abwegig gehalten, aber ein Jahr nach dem Besuch bei Willibert Pauels war sie da. Zwischendurch haben auch andere Bekannte und Freunde aus dem Umfeld des Karnevals die Hilfe von Dr. Köhne angenommen.

Willibert hat durch die Behandlung in Neuss und die Lebensumstellung seinen Weg aus der Krise gefunden, was er in mehreren Büchern und vor allem in seinen Vorträgen eindrucksvoll zum Ausdruck bringt. Bei ihm merkt man vor allem, dass Humor und Herz, Leib, Glauben und Seele ineinander verwoben und eins sind. Aus ihm und durch ihn spricht Gott und durch ihn lacht Gott auch. Er verkörpert geradezu ein durch die Auferstehung Christi frohes Christentum. Was wäre er für ein Priester, wenn es den Zölibat nicht gäbe! Aber auch so, als Diakon, Kabarettist und Büttenredner kann man von einem segensreichen Wirken sprechen, gemäß seines Schlussreims: „Im Garten des Lebens ist Humor der beste Dung! …sagt der bergische Jung."

*

Mein Start in Köln war dann etwas holprig, bei einem Auftritt in Erkelenz hatte mich der BDK-Präsident Franz Wolf gesehen und war begeistert. Er empfahl mich dem Präsidenten des Festkomitees Kölner Karneval, Hans-Horst Engels für einen Auftritt bei der Kölner Prinzenproklamation.

Die beiden Herren casteten (so nennt man das heute) mich bei einem Soloauftritt in meiner Heimat. Franz Wolf war begeistert, Engels deutlich reservierter, aber auch positiv gestimmt. Man sicherte mir einen Auftritt bei der Prinzenproklamation und eine Teilnahme am Rosenmontagszug zu. Das war etwa so, als wenn man als Fußballer einen Vertrag bei Bayern München angeboten bekommt. Zu schön, um wahr zu sein.

Das Ganze kippte, als Wolfgang Nagel, Präsident des Literarischen Komitees und damit zuständig für die Nachwuchsarbeit, mich unter die Lupe nahm. Er teilte mir mit, dass meine Rede zwar nicht schlecht, aber für die „Pripro" völlig ungeeignet sei und ich als Anfänger keine Chance habe. Ich war zutiefst getroffen und beleidigt und verwies auf meine jahrzehntelange Erfahrung.

Ich wurde erneut gecastet und kämpfte. Mit Erfolg: Man sagte mir nun einen Fernsehauftritt zu. Ich dankte damals Gott im Bonner Münster, in der Stadt, in der ich einst studiert hatte und in der zum damaligen Zeitpunkt meine Frau studierte.

Es kam, wie es kommen musste: Man ließ mich dann bei einer Fernsehaufzeichnung noch vor dem eigentlichen Programm auftreten, versprach mir aber, der Beitrag werde gesendet, was er nicht wurde. Dass man dasselbe schon einmal mit Willibert Pauels gemacht hatte, wusste ich zu diesem Zeitpunkt nicht, sonst hätte es meine Enttäuschung relativiert, so sehr war ich am Boden zerstört.

Dennoch entschloss ich mich, noch einmal eine Bewerbungs-CD aufzunehmen, die ich persönlich in den Briefkasten des Festkomitee-Gebäudes einwarf. Allerdings warf ich nur eine Hülle ohne Inhalt ein, was ich erst später korrigieren konnte.

Von Köln aus fuhr ich dann nach Bonn und besuchte dort das Grab Konrad Adenauers in Rhöndorf, ich betete auf dem Friedhof auch für meine Kölner Karriere. Was mache ich nur falsch?, fragte ich mich. War es der richtige Weg?

Ein knappes Jahr später erhielt ich einen Anruf vom Festkomitee Kölner Karneval für ein Casting beim Literarischen Komitee. Ich hielt das Ganze zunächst für einen Witz, denn meine Enttäuschung saß tief. Zwischenzeitlich hatte ich es auf die Bühne des „Ordens wider den tierischen Ernst“ und ins Fernsehen geschafft und hatte meine Kölner Wunden geleckt. Grundlage für die Anfrage war die CD, die ich Wolfgang Nagel hatte zukommen lassen. Dieser war nun nicht mehr im Amt, hatte aber die CD seinen Nachfolgern empfohlen: Johannes Kaussen und Dieter Caspers, die mich entsprechend förderten.

Der erste Durchbruch gelang beim letzten Casting vor dem Vorstellabend in einer Kölner Schule. Nach meinem Erfolg kam der große Jupp Menth, der „Kölsche Schutzmann“ und wohl kölscheste aller Redner zu mir und beglückwünschte mich. Es begann eine väterliche Freundschaft, die bis heute andauert, wobei er als echter Freund und Kollege auch Kritik äußerte und klare Worte fand, wenn ihm etwas nicht passte. Nur so kommt man weiter! Danke, Jupp!

Ein anderer engerer Kontakt entstand zu Dieter Röder, dem „Knallkopp“. Auch wir verstanden uns prächtig und tauschten offen und ehrlich unsere

Meinungen aus. Das galt auch für seine Frau Molly, die leider nach einem längeren Krebsleiden verstarb.

Seit dem Verlust seiner Frau ging es Dieter deutlich schlechter und er nahm die Hilfe Dr. Köhnes in Neuss in Anspruch, wo ich ihn besuchte, wie er mich besucht hatte. Auch in der Familie des Karnevals heißt es „in guten wie in schlechten Zeiten".

Eine besondere Beziehung verbindet mich mit Gerd Rück, dem „Weltenbummler", dessen Fernsehauftritte in der Rosenmontagssitzung ich schon als Kind bewunderte.

2005, bei einer Sitzung im belgischen Eupen, trat er zum ersten Mal direkt vor mir auf, und als er mit seinem Schirm nach vorne ging, rutschte mir das Herz in die Hose. Er wünschte mir viel Glück. Mein Auftritt gelang. Zu meinem 50. Geburtstag trat Gerd Rück bei meiner Feier (ein Herzenswunsch von mir) auf und es war ein absolutes Highlight. Ich versicherte ihm, ihn bei meinem 60. wieder zu buchen. Seitdem gratuliert er mir jedes Jahr pünktlich zum Geburtstag und erinnert an sein Engagement zu meinem 60. Das nenne ich gelebten Humor!

Dafür stand auch jahrzehntelang Hubert Crott, Aushängeschild und Markenzeichen des Aachener Dreigesprächs „Josef, Jupp und Jüppchen“, einer legendären Verbindung mit Ägid Lennartz und Albert Gehlen, wie es sie wohl nie mehr geben wird. Auch zu ihnen entwickelte sich über die Jahre ein freundschaftliches Verhältnis.

Im Kabarett gilt das neben Willibert Pauels vor allem für Ingrid Kühne, deren Art Humor, aber vor allem ihre Lebensphilosophie zu meiner absolut deckungsgleich sind. Ich bewundere ihre Lebensleistung, ihre absolute Ehrlichkeit und ihre eiserne Standfestigkeit, sich nicht verbiegen zu lassen, auch nicht durch manche Eigenheiten des Showbusiness. Ihre Programme könnte ich mir hundertmal anhören und alle unsere Begegnungen sind immer herzlich und sehr lustig. Ingrid, danke, dass es dich gibt.

23. Corona – Das Unmögliche tritt ein

Im Jahr 2020 waren unsere Kinder Kinderprinzenpaar der Stadt Alsdorf. Ich hatte von Anfang an beschlossen, möglichst keine eigenen Auftritte im Karneval zu absolvieren, also eine Art „närrisches Sabbatjahr" zu nehmen, um möglichst jedem Auftritt unserer Kinder beiwohnen zu können. Um es auf den Punkt zu bringen: Es war unvergesslich und unvergleichlich. Schon unsere eigene Prinzenpaarzeit im Jahr 2003 ist meiner Frau und mir unauslöschlich in Erinnerung geblieben, aber die Kinder waren der absolute Höhepunkt. Die Auftritte bei der Proklamation, bei der EU in Brüssel, der Empfang durch Familienministerin Giffey in Berlin, der Kinderzug und die äußerst emotionale Verabschiedung werden für immer in unseren Herzen sein.

Dazu ein Gefolge, das absolut harmonierte; es war wirklich ein Geschenk Gottes. Doch dann, beim Fischessen am Aschermittwoch, erfuhren wir, dass ein Virus namens Corona aus China inzwischen auch unsere Gegend erreicht habe, man solle möglichst direkten Körperkontakt vermeiden, sich nicht die Hand geben und Abstand halten.

Wir lachten, wir hatten in der Session so ziemlich alle und jeden umarmt, gedrückt und geküsst, vom Händeschütteln ganz zu schweigen.

Das Lachen sollte uns bald vergehen, als die ersten Meldungen über Infektionen und deren Verbreitung kamen. Man sprach über Geschäfts- und Schulschließungen und über Auftrittsabsagen. Menschen sollten nicht mehr in größerer Zahl und nur auf Abstand zusammenkommen. Das klang absolut unvorstellbar. Wie sollte das gehen?

Was das für mich konkret bedeutete, habe ich zu diesem Zeitpunkt keineswegs begriffen. Ich machte seit gut 20 Jahren Kabarett und seit gut 30 Jahren Karneval und abgesehen von den Anfängen hatte ich immer eher zu viele als zu wenig Auftritte zu absolvieren. Gerade 2019 war ich wieder mehrmals an mein Auftrittslimit gegangen, ich konnte mir gar nicht vorstellen, dass sich der Wind grundlegend drehen würde. Und doch geschah es.

Am 10. März sollte ich in Düsseldorf, im altehrwürdigen Görres-Gymnasium, wo ich einen Teil meiner Referendarzeit absolviert hatte, eine Werberede für neue Schüler halten. Ich fühlte mich zutiefst geehrt und freute mich auf den Abend. Ich wollte schon früher nach Düsseldorf fahren und trug bereits meinen Auftrittsanzug, als mich ein Anruf mit einer Düsseldorfer Nummer erreichte. Ich dachte, es handele sich nur um weitere Auftrittsdetails, aber der Veranstalter teilte mir mit, dass die Stadt Düsseldorf die Veranstaltung abgesagt habe, da sich zu viele Menschen im Raum befinden würden. Ich reagierte überrascht und ein wenig verständnislos (im wahrsten Sinne des Wortes) und beschloss dann eben ohne Auftritt nach Düsseldorf zu fahren und durch die Stadt zu bummeln. Ich war überrascht, dass das Parkhaus in der Nähe der Kö(nigsallee), das sonst immer total voll war, an diesem Nachmittag geradezu verlassen wirkte. Das Gleiche galt für die Kö-Galerie und die Kö selbst, wo mir auffallend wenige, aber viele „maskierte" Menschen begegneten. Ein Besuch im nahezu ausgestorbenen Kaufhof am Ende der Kö gab mir den Rest. Ich fühlte mich wie in einer Geisterstadt oder einem Science-Fiction-Szenario und fuhr wieder nach Hause.

Ich trug ein überaus seltsames Gefühl in mir, das ich nicht beschreiben konnte, das sich aber in den nächsten Tagen als nackte Realität herausstellen sollte.

Am nächsten Tag trat ich bei einer Ärztetagung in Herne auf, was sehr erfreulich und erfolgreich war. Dort sprach man darüber, dass nur Veranstaltungen über tausend Zuschauer abgesagt werden sollten. Auf der Heimfahrt erreichte uns ein Anruf unserer Agentur, der uns eines Schlechteren belehren sollte. Meine Aufführung in Krefeld mit einer vorgesehenen großartigen Präsentation meines damals neuen Buchs „Jung, wat biste jroß jeworden" wurde abgesagt. Wir waren geschockt. Die Realität hatte uns eingeholt. Eine Woche später spielten wir noch zweimal im Eltzhof in Köln. Es sollte der letzte reguläre Auftritt mit diesem Programm sein – bis zum September 2021.

Im März wurde der erste Lockdown verkündet, der auch Schulschließungen beinhaltete. Anfangs spielten meine Kinder noch auf einem hinter unserem Haus gelegenen Sportplatz, der aber bald gesperrt werden sollte. Die Kinder verstanden es zunächst als Verlängerung der Osterferien, was sich aber bald als trügerisch erweisen sollte. Das beginnende Homeschooling stellte nicht nur meine Frau und mich, die wir ja beide Lehrer sind, vor große Herausforderungen.

Anfangs liebäugelte ich noch mit einem Osterspecial, vielleicht auch vor geringerer Zuschauerzahl, doch es stellte sich heraus, dass KEINE und zwar buchstäblich KEINE Auftritte mehr möglich waren. Ich hatte eigentlich seit 2000, also seit 20 Jahren auftrittsmäßig immer an der Obergrenze gespielt, vor allem seit ich 2006 meinen Durchbruch im Kölner Karneval hatte. Mein Burn-out 2015 hatte mich da nur zeitweise und vorübergehend zurückgeworfen. Seitdem war das Kabarett eher noch erfolgreicher geworden. Und für die Saison waren die anstehenden Vorstellungen des Jubiläumsprogramms „Jung, wat biste jroß jeworden!" alle ausverkauft. Doch das nützte uns jetzt gar nichts.

Als religiöser Mensch versuchte ich auch die Pandemie einzuordnen – für mein Leben, aber auch für das der gesamten Menschheit. Wir begriffen erst allmählich, dass die meisten von uns nach dem Motto „immer schneller, immer mehr, immer weiter" gelebt hatten. Das galt auch für uns: Wir flogen in fast allen Ferien in einen Urlaub, Kurzflüge nach Frankfurt, München oder Salzburg inbegriffen.

Ich wurde nachdenklich.

Will Gott uns ein Zeichen geben? Bis hierher und nicht weiter? Das Leben nur als Wechsel zwischen Stress und Party, Arbeitsstress und Freizeitstress, hat Jesus Christus das wirklich gewollt? Mit Sicherheit nicht.

Ich begann auch an mir selbst zu zweifeln: Ich hatte nach meiner Krise – von einigen Änderungen abgesehen – eigentlich so weitergemacht wie vorher: Mein Beruf war mein Hobby und gleichzeitig auch eine wichtige Kraftquelle. Meine Kinder waren und sind die Hauptsache und die Fürsorge für sie ist mein Lebenselixier. Jetzt blieb wirklich nur noch die eine Seite, der wirkliche Hausmann, der kochte, aufräumte und sorgte.

Mir kamen zum ersten Mal wirkliche Zweifel an meiner Entscheidung des Jahres 2010, mein Hobby zum Hauptberuf zu machen. „Hätte ich nicht besser Lehrer bleiben sollen? Gut, ich war „nur beurlaubt", aber jetzt noch einmal zurück? Hatte mich der Erfolg, natürlich auch der finanzielle, zu stark geblendet? War ich vielleicht doch stärker vom materiellen Zeitgeist geprägt, als ich mir selbst eingestehen wollte?"

Der „Entzug" der Auftritte tat weh. Ich genoss es zwar, abends zu Hause zu sein, sogar am Wochenende, aber mir fehlte die Bühne. Ich führte öfter Gespräche mit Gott über die Weltlage, die sich gespenstisch veränderte.

Im April bekam ich dann eine Anfrage, die mir wirklich wie ein Wink Gottes erschien: Mein mir freundschaftlich verbundener Gemüsehändler teilte mir mit, dass seine Frau eine Unterhaltungsaktion für die von Besuchen eingeschränkten Altenheime plane. Dabei waren der schon öfter erwähnte Dr. Flossdorff und Bertel Mennicken, den ich seit Jahrzehnten aus dem Karneval kannte. Zusammen gründeten wir das „Trio Corona", dessen Erfolg anfangs gar nicht absehbar war. Wir traten vor oder hinter Altenheimen auf und sahen, wie die Senioren, die in ihren Heimen durch den Lockdown gleichsam eingesperrt waren, uns zuwinkten, klatschten und die alten Schlager mitsangen. Ein unbeschreibliches Erlebnis.

Der Erfolg sprach sich schnell herum und wir bekamen bis zum Sommer immer mehr Auftritte. Ich hatte bei jedem Erfolg das Gefühl, das Richtige und etwas Sinnvolles gerade in dieser schwierigen Zeit zu tun und fuhr jedes Mal nach den Auftritten selig nach Hause. Gott hatte uns die Gabe verliehen, bedürftige und einsame Menschen fröhlicher und zumindest für einen Moment glücklicher zu machen.

Der erste Lichtblick inmitten des Auftritts-Lockdown waren Auftritte in Autokinos, die längst in Vergessenheit geraten zu sein schienen. Als mich eine solche Anfrage Ende April erreichte, konnte ich mein Glück kaum fassen, zumal Claus Schmitz, mein befreundeter Regisseur, der mir schon oft in schwierigen Lagen geholfen hatte, eine Aufzeichnung ankündigte, die er dem WDR zur Ausstrahlung anbieten wollte.

Der WDR nahm das Angebot an und im Mai wurde der Autokino-Auftritt ausgestrahlt. Es ging wieder aufwärts!

Die Autokino-Auftritte waren zwar gewöhnungsbedürftig, weil man die Reaktion des Publikums nur bedingt wahrnahm, aber sie waren ein echtes Zeichen der Hoffnung, das bald durch Auftritte vor „echtem" Publikum, wenn auch in geringerer Zahl verstärkt wurde.

Der Sommer 2020, in dem wir Urlaube in Holland und im Saarland verlebten (es musste also nicht immer weit weg sein und war genauso schön) wog uns in trügerischer Sicherheit. Ich war mit meinem Corona-Programm „Nix Vi-rus" mit meinem Musiker Harald Claßen unterwegs und wir schienen auf dem Weg in die Normalität zu sein.

Von wegen!

Bereits im September gab es die ersten Verschiebungen und Absagen. Ich hatte ein neues Übergangsprogramm geschrieben: „Von Frühjahr bis Neujahr – et bleibt nix, wie et war!", das eine absolute Rarität werden sollte. Es erlebte die erste und letzte Vorstellung, also Premiere und Dernière, am selben Tag, dem 30. Oktober 2020, einen Tag nach meinem 56. Geburtstag. Danach gab es einen erneuten Lockdown, der den Einzelhandel, die Gastronomie und eben auch die gesamte Unterhaltungsbranche lahmlegte. Ich war zwar getroffen, hoffte aber auf Weihnachtsaufführungen und irgendeine Form von Karneval, vielleicht ein Special, eine Art Kabarettsitzung.

Im November machte ich aus dem gestoppten Kabarettprogramm ein Buch, das sich in der Vorweihnachtszeit wie warme Semmeln verkaufte. In einer Woche war die Auflage vergriffen, ein großer Lichtblick!

Das sah für den Karneval jedoch ganz anders aus: Es wurde so gut wie alles abgesagt. Es gab lediglich einige Online-Sitzungen und wir produzierten mit einem befreundeten Producer (Willi Köhnen) einige Videos für meine Homepage, die auch sehr guten Zuspruch fanden und richtig Spaß machten, da auch meine Tochter Marie daran mitwirkte, die am „Fettdonnerstag" ihren 12. Geburtstag feierte.

Am selben Tag trat ich in einer von Guido Cantz moderierten Benefizgala vor einer menschenleeren(!) Lanxess-Arena in Köln auf, ein gespenstisches Gefühl, gerade für einen geborenen Karnevalisten.

Wir hofften auf das Frühjahr, das dann aber weder wetter- noch coronamäßig Erleichterung bringen sollte. In weiter Ferne erschienen die rettenden Worte: Impfstoff und Impfung.

Ich versuchte, produktiv zu bleiben und schrieb ein neues Programm, das gleichzeitig in Buchform erschien, auch einmalig, genau wie der Titel: „Kroküsse, Küsse, küste mit?!" Ein etwas abgedrehter Titel, den Claus Schmitz und ich uns gemeinsam ausgedacht hatten und den wir Ende März in einem Livestream ausstrahlten, den immerhin 500 Zuschauer verfolgten. Es war für mich und meinen Musiker Harald Claßen ein ungewohntes Medium, da man das Publikum nur in einer Video-Konferenz erlebte, aber es hatte uns wie auch dem Publikum viel Spaß gemacht.

Die richtigen Auftritte lagen in weiter Ferne und die Kinder ächzten unter dem schier endlosen Homeschooling. Dazu blieb das Wetter, das uns erstmals nach Jahren wieder richtig Schnee beschert hatte, trüb und kalt bis Ende Mai, was meine Sinnfrage oder -krise noch einmal verstärkte. Ich dachte zum ersten Mal auch über eine Rückkehr in den Schuldienst nach, worüber ich auch kurz mit meinem Schuldirektor sprach, der aber sogleich darauf hinwies, dass das keine Adhoc-Entscheidung für einen Übergangszeitraum sein könne.

Nach elf Jahren noch einmal zurück? Fachlich müsste es gehen, aber methodisch? War ich von dem modernen Schulbetrieb nicht Lichtjahre weg? Was würden die Kollegen denken? – Um die Schüler machte ich mir die geringsten Sorgen, mit denen war ich immer blendend ausgekommen. Und zwei Schüler freuten sich schon jetzt auf mich: Meine Kinder, die sich ausmalten, beim Papa Latein, Griechisch oder Geschichte zu haben. Ihre Betreuung beim Homeschooling hatte mich allerdings weniger euphorisch sein lassen, sie auch.

*

„Immer wenn du denkst,
es geht nicht mehr,
kommt von irgendwo ein Lichtlein her.“

Diese Verse von Rainer Maria Rilke hat meine leidgeprüfte Mutter oft in entsprechender Situation aufgesagt und sie schienen mir jetzt zutreffender denn je: Mit den beginnenden Impfungen und sinkenden Inzidenzzahlen (das Wort werde ich mein Leben lang nicht mehr vergessen und es ist schade, dass die wunderschöne lateinische Sprache dafür herhalten muss) zeigte sich ein Silberstreif am Horizont, und im Mai deutete sich etwas an, was wir kaum noch zu hoffen gewagt hatten: richtige Auftritte vor richtigen Menschen. Wir begannen im Eschweiler Talbahnhof wie ein Jahr zuvor, als man uns den Autokino-Auftritt besorgt hatte.

Es folgten Baesweiler und Meyer-Konzerte organisierte wieder eine richtige Tour. Es war fast zu schön, um wahr zu sein! Wir nahmen aus dem Frühjahrsprogramm die „Kroküsse“ raus und funktionierten es zu einem Sommer-Special um. Dazu wurde das Buch verkauft, das ich im Frühjahr eher auf Verdacht geschrieben hatte. Und dann als Höhepunkt: Stadthalle-Alsdorf! Was sonst selbstverständlich und unser Wohnzimmer war, wurde nun wie eine Heimkehr. Gott sei Dank! Im wahrsten Sinne des Wortes.

Danach war ich mit meinen Kindern und einer befreundeten Familie ein paar Tage in Bulgarien, wir waren begeistert und genossen Sonne, Meer und Strand.

Unterdessen ereignete sich zu Hause eine Katastrophe, die nun auch Corona in den Hintergrund treten ließ: Die Flutkatastrophe im Sommer 2021 traf weite Gebiete in Rheinland-Pfalz und Nordrhein-Westfalen und auch meine Heimat direkt: Eschweiler und Stolberg, von Alsdorf nur einen Steinwurf entfernt. Schon nach der Rückkehr aus Bulgarien auf dem Weg vom Düsseldorfer Flughafen nach Hause hatten wir einen Umweg fahren müssen, weil um Jülich herum die Straßen überschwemmt waren. Unglaublich!

Die Schreckensmeldungen überschlugen sich: Tote, Verletzte, Menschen, die ihr Zuhause und ihre ganze Existenz verloren hatten und die ohnehin noch unter den Folgen der Coronapandemie und des Lockdowns litten. Natürlich stellte man jetzt auch wieder die Theodizee-Frage: Warum ließ Gott das zu? Konnte es überhaupt einen Gott geben, wenn das möglich war?

Gleichzeitig setzte eine Welle der Hilfsbereitschaft, ja, der Solidarität und Nächstenliebe ein, die man kaum für möglich gehalten hatte: Spenden, Wohnangebote für Evakuierte und ganze Scharen von Menschen, die direkt vor Ort halfen.

In mir brodelte es: „Ich muss was tun. Was kann ich tun?" Als praktischer Helfer vor Ort war ich eher ungeeignet, eine Geldspende war selbstverständlich. Und darüber hinaus? Ich entwickelte die Idee einer Benefizgala in Zusammenarbeit mit dem Hilfswerk „Menschen helfen Menschen“, mit dem die Aachener Zeitung schon einen Millionenbetrag gesammelt hatte, der Städteregion Aachen und befreundeten Künstlern. Meyer-Konzerte übernahm kostenlos Organisation und Ticketing.

Alle sagten sofort begeistert zu und am 11. August 2021 fand in der Alsdorfer Stadthalle der besagte unvergessliche Abend statt: Die Aachener Künstler Ägid Lennartz und Jupp Ebert, das „Trio Corona“, meine Tochter und ich selbst gestalteten eine von AZ-Redakteur Bernd Büttgens moderierte Benefiz-Gala, bei der es auch zwei anrührende Talkrunden mit Betroffenen gab. Wir sammelten insgesamt 10.000 Euro, 500 Zuschauer in der nach Coronabedingungen vollbesetzten Alsdorfer Stadthalle sangen in der Bergbaustadt Alsdorf das Steigerlied „Glück auf! Glück auf!“ und nie war das Motto dieses Buches treffender und greifbarer als an diesem Abend: Wir haben „gelacht und geweint!“

Ein persönliches Nachwort

„Von der Seele geschrieben“

Die Idee zu diesem Buch wurde im Frühjahr gemeinsam mit dem Bonifatius Verlag entwickelt. Als ich einige Beispiele aus meinem Leben erzählte, war man sehr berührt von der Mischung aus Schicksalsschlägen, großen Erfolgen und dem tiefen Glauben, der mich sowohl im Guten wie im Leidvollen begleitet und trägt.

Beim Schreiben dieses Buches habe ich manche Situation noch einmal durchlebt. Vor allem habe ich sie durchlitten, gerade wenn es um meine Familie ging.

Ich habe auch zum ersten Mal über meine Ehekrise geschrieben und manches noch einmal buchstäblich gespürt. Das ist erst möglich, seit mich eine neue Form von Liebe und Freundschaft mit meiner Frau (nicht meiner Ex-Frau!) verbindet, die gerade auch unseren Kindern zugutekommt.

Auch die Nähe zu Gott und die direkte Berührung im Gebet und Gespräch sind mir noch deutlicher bewusst geworden. Vor allem auch der Ausspruch meines im Buch häufiger erwähnten Freundes und Vorbilds Willibert Pauels: „Gott tut nichts als fügen!“

Genau das habe ich im Laufe meines Lebens und auch während des Schreibens dieses Buches immer wieder erfahren.

Natürlich befallen auch mich bisweilen Zweifel an der Güte Gottes, wenn man das Leid auf der Welt und gerade auch die Krise der katholischen Kirche betrachtet.

Aber es gibt auch eine Fülle von Gegenbeispielen, die uns die Hoffnung nicht aufgeben lassen und uns unbewusst spüren lassen, dass Gott gerade dann bei uns ist, wenn wir es am wenigsten vermuten. Das kommt besonders in dem Gedicht „Spuren im Sand“ von Margaret Fishback Powers zum Ausdruck, das meine Mutter sich noch zu Lebzeiten als Text für ihre Todesanzeige und den Totenzettel gewünscht hat.

Mit diesem wunderbaren Gedicht möchte ich mein Buch schließen, hoffend, dass diese Zeilen auch Ihnen Zuspruch und Kraft geben mögen:

Eines Nachts hatte ich einen Traum:
Ich ging am Meer entlang mit meinem Herrn.
Vor dem dunklen Nachthimmel
erstrahlten, Streiflichtern gleich,
Bilder aus meinem Leben.
Und jedes Mal sah ich zwei Fußspuren im Sand,
meine eigene und die meines Herrn.

Als das letzte Bild an meinen Augen
vorübergezogen war, blickte ich zurück.
Ich erschrak, als ich entdeckte,
dass an vielen Stellen meines Lebensweges
nur eine Spur zu sehen war.
Und das waren gerade die schwersten
Zeiten meines Lebens.

Besorgt fragte ich den Herrn:
Herr, als ich anfing, dir nachzufolgen,
da hast du mir versprochen,
auf allen Wegen bei mir zu sein.
Aber jetzt entdecke ich,
dass in den schwersten Zeiten meines Lebens
nur eine Spur im Sand zu sehen ist.
Warum hast du mich allein gelassen,
als ich dich am meisten brauchte?

Da antwortete er:
Mein liebes Kind,
ich liebe dich
und werde dich nie
allein lassen,
erst recht nicht in Nöten
und Schwierigkeiten.
Dort, wo du nur
eine Spur gesehen hast,
da habe ich dich getragen.[10]

Ich

DANKE

meiner Frau Sandra Beckers für ihre verständnisvolle Zusammenarbeit, meinem Freund und Manager Joachim Badorek sowie dem gesamten Team des Bonifatius Verlags für die harmonische und produktive Zusammenarbeit.

Quellen

1 Aus: „Ich hab‘ meine Rostlaube tiefergelegt“, Lied von Reinhard Mey, Textsammlung, 14. Aufl., *www.reinhard-mey.de/texte-fuer-alle/*

2 Ebd.

3 Tomáš Halík: Berühre die Wunden, © 2019 Verlag Herder GmbH, Freiburg i. Br.

4 Joseph Kardinal Ratzinger: „MISSA PRO ELIGENDO ROMANO PONTIFICE“, Patriarchalbasilika St. Peter Montag, 18. April 2005, *https://www.vatican.va/gpII/documents/homily-pro-eligendo-pontifice_20050418_ge.html*

5 Sueddeutsche.de: „Ich verdanke diesem wunderbaren Land mein Leben“, Interview mit Rudi Carrell, 9.5.2013, *https://sz-magazin.sueddeutsche.de/stars/ich-verdanke-diesem-wunderbaren-land-mein-leben-79684*

6 Gotteslob, Lied-Nr. 535: „Segne du Maria, segne mich“, Text: Cordula (Peregrina) Wöhler [1870] 1916.

7 Hoffnung für alle®, Copyright ©1983, 1996, 2002, 2009, 2015 by Biblica, Inc®. Verwendet mit freundlicher Genehmigung des Herausgebers Fontis.

8 Gotteslob, Lied-Nr. 245: „Menschen, die ihr wart verloren“, Text: Christoph Werner Verspoell 1810.

9 Keutmann, Thea: Gebet an Sankt Barbara, in: Die Heilige Barbara kommt zu den Bergleuten nach Alsdorf, S. 32, ©Bergbaumuseum Grube Anna e.V., Alsdorf 2020.

10 Copyright © 1964 Margaret Fishback Powers, übersetzt von Eva-Maria Busch, Copyright der © deutschen Übersetzung 1996 Brunnen Verlag GmbH, Gießen. *www.brunnen-verlag.de*

Der Verlag weist ausdrücklich darauf hin, dass bei Links im Buch zum Zeitpunkt der Linksetzung keine illegalen Inhalte auf den verlinkten Seiten erkennbar waren. Auf die aktuelle und zukünftige Gestaltung, die Inhalte oder die Urheberschaft der verlinkten Seiten hat der Verlag keinerlei Einfluss. Deshalb distanziert sich der Verlag hiermit ausdrücklich von allen Inhalten der verlinkten Seiten, die nach der Linksetzung verändert wurden und übernimmt für diese keine Haftung. Alle Internetlinks zuletzt abgerufen am 11.11.2021.